Das österreichische

Versicherungsrecht.

Von

Dr. Leo Derblich.

Berlin 1903.

J. Guttentag, Verlagsbuchhandlung,

G. m. b. H.

Vorwort.

Als der Verfasser dieses Buches im Jahre 1901 mit Bewilligung des k. k. Ministeriums mehrere Kurse über „österreichisches Versicherungsrecht und Versicherungswesen“ abhielt, sprachen die Hörer den Wunsch aus, dass derselbe das „österreichische Versicherungsrecht“, wenn auch nur in Grundzügen, darstelle. Die Bearbeitung dieses Rechtszweiges gestaltet sich insofern schwierig, als ja bekanntlich in Österreich die das Privatversicherungsrecht betreffenden Normen sehr dürftig sind, und bereits seit 30 Jahren eine Reform der betreffenden Gesetze von massgebenden Kreisen beabsichtigt ist. Es war daher zu erwägen, ob nicht etwa vorerst das Erscheinen des in Aussicht gestellten Gesetzentwurfes abzuwarten wäre, zumal ja ein solcher bereits im Jahre 1870 verfasst worden war.

Wenn ich mich nichtsdestoweniger zur Herausgabe dieses Werkes vor Erscheinen des neuen Gesetzes entschlossen habe, so hat mich hierzu einerseits der Umstand veranlasst, dass es zweifelhaft ist, ob einer der Entwürfe bald Gesetzeskraft erhalten werde, und andererseits der Wunsch, durch meine Bearbeitung die Umgestaltung der Materie zu fördern. Ferner bin ich hierzu noch durch die Erwägung veranlasst worden, dass in Österreich mit Ausnahme des Werkes von Onciul: „Der Versicherungsvertrag“ ein systematisches Handbuch des Versicherungsrechtes nicht vorhanden ist, und dass sowohl den Studierenden, wie den Organen der Versicherungsgesellschaften das Erscheinen eines solchen Werkes willkommen sein dürfte.

Ehrenberg, der hervorragendste Lehrer des Versicherungsrechts und der verdienstvollste Fachschriftsteller, erklärt in der Vorrede zu seinem Werke, dass „die Citate aus der Literatur und aus den Statuten sowie den Bedingungen der Versicherungsgesellschaften — der Raumersparnis halber — noch nachträglich sehr eingeschränkt wurden", und dass er mit der Anführung gerichtlicher Erkenntnisse nicht gekargt habe, keineswegs bloss um sich den Dank der Praktiker zu verdienen, sondern auch deshalb, weil er die Entscheidungen in Versicherungssachen als die wichtigste Quelle für die Kenntnis des Versicherungsrechts halte. Von diesem Gedanken wurde auch der Verfasser dieses Handbuchs geleitet.

Das Buch verfolgt den Zweck, zunächst den Studierenden als Grundlage für die Vorlesungen zu dienen, es ist aber auch dazu bestimmt, mit in die Praxis hinüber genommen zu werden, um der Kasuistik eine Grundlage zu gewähren. Literaturcitate sind mit Rücksicht auf die dem Zwecke entsprechende Kürze weggefallen. Der Verfasser hat noch die Kapitel „Die rechtliche Stellung der Versicherungsagenten", „Die Rückversicherung", „Die Lebensversicherungspolice als Bestandteil des Nachlasses" sowie „Die rechtliche Stellung der Organe der wechselseitigen Versicherungsgesellschaften nach österr. Rechte" eingehender bearbeitet und hofft, dass es ihm bald ermöglicht sein wird, diese Kapitel etwa in Form eines Anhangs zu diesem Werke herauszugeben.

Prag, Mai 1903.

Dr. Leo Derblich.

Inhalt.

I. Das österreichische öffentliche Versicherungsrecht.

II. Das österreichische Privat-Versicherungs-Recht.

Literatur.

W. Gallus: Die Grundlagen des gesamten Versicherungswesens. Leipzig 1874.

A. Emminghaus: Geschichte der Lebens-Versicherungsbank für Deutschland. Weimar 1877.

Hopf: Jul. Ernst Arnoldi und seine Schöpfungen, „Die Feuer-Versicherungsbank". Gotha 1878.

Jul. Hopf: Denkschrift, betreffend den öffentl. und Privatbetrieb in der Feuer-Versicherung. Gotha 1884.

A. Emminghaus: Ernst Wilhelm Arnoldi. Bohlau 1878.

Masius: Systematische Darstellung des Versicherungswesens.

Kummer: Der Betrieb von Versicherungs-Geschäften durch den Staat. Zürich. Herzog 1879.

Knoblauch: Die Fehler und Mängel des öffentlichen Feuer-Versicherungsrechtes in Deutschland. Magdeburg 1868.

J. Hopf: Aufgaben der Gesetzgebung bei der Feuer-Versicherung. Berlin 1880.

A. Emminghaus: Die reichsgesetzliche Regelung des Versicherungswesens in Hirths Annalen des Deutschen Reiches. 1880.

Benecke: System des Assekuranz- und Bodenkreditwesens. 5 Bände. Hamburg 1805.

Saski: Die volkswirtschaftliche Darstellung des gesamten Versicherungswesens. Leipzig 1860.

Aufsatz von Makoviczka im 11. Bande des deutschen Staatswörterbuchs von Bluntschli. Stuttgart 1870.

In Ihering-Ungers Jahrbüchern 30. Band, Neue Folge. XVIII. Band 1891 ist ein bemerkenswerter Aufsatz von V. Ehrenberg über „Die Versicherung für fremde Rechnung" enthalten.

Von Versicherungs-Fachzeitschriften sind anzuführen:

Die Zeitschrift und Jahrbücher von Masius (insbesondere die Rundschau, U. f. Leipzig). — Die Zeitschrift von Wallmann, Ehrenzweig, Effner, Neumann. Insurance Record. London. — Journal des Assurances. Paris. — Die Zeitschrift des Kgl. preussischen statistischen Bureaus. — The Post Magasine Almanach.

Von ausländischen Werken sind zu erwähnen:

Philippes, Treatise on the law of insurance [1825].

Alansset — Traité general des assurances [2 vol. Paris 1843].

Cheufton: Les assurances [1884—1886].

Vivante: Il contratto di assicurazione. [Milano 1885/1890].

Zammarano: L'intraparesa delle ascicurazioni [Torino 1887].

Grössere deutsche Werke sind:

W. Lewis: Lehrbuch des Versicherungsrechtes 1889.

Ehrenberg, Viktor: Das Versicherungsrecht. Leipzig 1893. I. Band. Duncker & Humblot. 536 S.

Betzold: Die deutsche Gesetzgebung über das Versicherungswesen in v. Holzendorfs Jahrbuch. 1874.

A. Wagner: Im Handbuch der politischen Ökonomie.

Pohls: Darstellung des See-Assekuranzrechtes. 2 Teile 1832.

Döhl: Das Versicherungswesen d. preuss. Staates. Berlin 1865. Landwirtschaftliche Versicherung in organischer Verbindung mit Sparanstalten. Vorschläge zur Beeserung der Lage des japanischen Landmannes im Auftrage des kais. japanischen Ministeriums. Von P. Mayet. Verlag von K. L. Prager Berlin.

Von österreichischen Werken sind anzuführen:

1. Dr. Emil Steinbach. Zur Frage der gesetzlichen Regelung des Versicherungs-Vertrages. — Im Assekurranzjahrbuch von A. Ehrenzweig. Wien 1885.
2. Die Stellung der Versicherung im Privatrechte. Von Dr. Emil Steinbach. Wien. Manz 1883.
3. Onciul. Der Versicherungs-Vertrag nach österr. Recht. Wien. — Hermann: Die Versicherungs-Agenten. Berlin.

Arbeiter-Versicherung:

Prof. Dr. Menzl: Das Arbeiterversicherungsrecht in Österreich.

Klang, Dr. J.: Die Arbeiterversicherung und die österreichische Regierungs-Vorlage eines Gesetzes, betr. die Unfall-Versicherung der Arbeiter.

Hassbach, W.: Das englische Arbeiterversicherungswesen. Geschichte seiner Entwickelung und Gesetzgebung.

Hirschberg, Dr. Ernst: Die Selbsthilfe des Arbeiterstandes als Grundlage seiner Versicherung.

Kaan, Julius, k. k. Regierungsrat. Zur Beurteilung des österr. Gesetzentwurfes, betr. die Unfallversicherung der Arbeiter, vom Standpunkte der Arbeiter, vom Standpunkte der Theorie und der Praxis des Versicherungswesens.

Feuer-Versicherung:

Kassner, Rechts- und Verwaltungs-Grundsätze in Feuer-Versicherungs-Angelegenheiten. 1885.

Dr. Wilhelm Basch: Zur Frage des Versicherungswertes in der Feuer-Versicherung.

Kranken-Versicherung:

Hirsch Dr.: Das Kranken-Versicherungs-Gesetz vor dem Reichstage. Nach den Beschlüssen der Reichstags-Kommission dargestellt.

Roleder, S.: Musterstatuten für Kranken- und Sterbekassen. Nach den Bestimmungen des neuen Krankenkassen-Gesetzes.

Beutler: Die sozialpolitische Gesetzgebung des Deutschen Reiches, insbesondere das Gesetz, betr. die Kranken-Versicherung der Arbeiter vom 15. 6. 1888.

Fischer: Zur Ausführung des Reichsgesetzes, betr. die Kranken-Versicherung d. Arbeiter vom 15. 6. 1883. 2. Auflage. Weiter sind zu erwähnen:

Falk, Rechtsgrundsätze im Versicherungswesen. Aus den Erkenntnissen des Reichsoberhandelsgerichtes und des Reichsgerichtes zusammengestellt. 2 Teile. 1885.

Koziol: Die Entscheidungen des k. k. österr. obersten Gerichtshofes in Versicherungsangelegenheiten.

Derblich: Österreichische Vorschriften über das Assekuranzwesen. Prag. Mercy 1885.

Goldschmidt: Handbuch des Handelsrechtes. Gerber: Das deutsche Privatrecht. — Vgl. auch § 5 [Quellen und Literatur in dem Werke: „Das Versicherungsrecht". Von Viktor Ehrenberg].

§ 1.

Begriff und Umfang des österreichischen Assekuranzrechtes.

Für das geltende österreichische Assekuranzrecht kommen in Betracht:

I. das Gesetz,
II. die Verordnung,
III. die autonomen Satzungen.

Sämtliche versicherungsrechtliche Bestimmungen sind entweder öffentlichrechtlicher oder privatrechtlicher Natur.

Ein eigentliches Versicherungs-Gesetz, welches die letzterwähnten Verhältnisse normieren würde, fehlt noch in Österreich.

In den letzten zwei Jahrzehnten des 19. Jahrhundertes entstanden bloss die sog. „Versicherungs-Regulative".

Da in Österreich auch Lehrbücher über das „Assekuranzrecht" nicht vorhanden sind, und in der vorhandenen juristischen Literatur der Umfang des österreichischen Assekuranzrechtes nicht ganz genau festgestellt wurde, erscheint es der Mühe wert, gleichsam eine „Überschau" über die in Österreich vorläufig vorhandenen, das Assekuranzwesen betreffenden Normen zu halten.

Wir bemerken, dass in diesem Werke die „Unfall" und „Arbeiter-Versicherungs-Gesetze" nicht behandelt werden.

Der Mangel eines Gesetzes, betreffend die Rechtsverhältnisse zwischen den Versicherungsnehmern und den Versicherungs-Gesellschaften, ist sehr zu bedauern. — Das Erscheinen dieses Gesetzes wird einesteils zur Folge haben, dass sich das Versicherungswesen noch vielmehr entwickeln und verbreiten wird, anderenteils aber auch, dass Rechtsstritte vermieden werden, welche derzeit nur durch die unklare Stilisierung der Statuten der Gesellschaften verursacht werden. — Es ist daher nicht nur im Interesse der Gesellschaften, sondern auch der Versicherungsnehmer gelegen, mit eiserner Konsequenz dahin zu streben, dass baldigst ein derartiges Gesetz in Kraft trete.

Das „öffentliche Assekuranzrecht" ist der Inbegriff sämtlicher Normen, welche die Rechte und Pflichten der Versicherer, (Assekuranz-Gesellschaften) und der Versicherten gegenüber dem Staate als der Oberaufsichtsbehörde regeln. Hierher gehören: a) die Normen über „Konzessionierung" „Überwachung der Gesellschaften", sowie b) die Vorschriften über „die Gebühren und Steuerpflicht". **Das „Privat-Assekuranzrecht"** stellt die Pflichten und Rechte der „Versicherten" und der „Versicherer" gegeneinander fest.

I.

Das „öffentliche Assekuranzrecht" hat in Österreich eine ziemlich grosse Ausbildung erfahren. Das gesamte Gesetzmaterial wird vom juristisch-technischen Standpunkte in sog. „zwingende" und „Permissivgesetze" eingeteilt. Die „zwingenden" Gesetze haben zu ihrem Inhalte ein „Gebot" oder ein „Verbot". — Dadurch unterscheiden sie sich von den sog. „Permissivgesetzen" (vergl. **Unger,** System des österreichischen allgemeinen Privatrechtes I. Band, Seite 58), d. h. von den Gesetzen, deren Inhalt darin besteht, dass sie eine Befugnis, eine Erlaubnis zur Vornahme gewisser Handlungen gewähren. Von diesem Gesichtspunkte ausgehend, unterscheidet man innerhalb des „öffentlichen Assekuranzrechtes" zwei Hauptgruppen von Vorschriften nämlich α) solche, welche die Zulassung, staatliche Beaufsichtigung der Assekuranz-Gesellschaften behandeln und β) solche, welche die finanziellen Verpflichtungen der Assekuranzinteressenten, also der Versicherten und der Versicherer gegenüber dem Staate regeln. Die letztere Gruppe benennen wir das „Assekuranz-**Gebühren-** und **Steuer**recht." Die erstere Gruppe α) finden wir teils als „Gesetze" im Reichsgesetzblatte, teils als „Verordnungen" in den Normalien-Sammlungen des k. k. Ministeriums des Inneren und der k. k. Statthaltereien publiziert und fallen die meisten diesbezüglichen gesetzlichen Bestimmungen in die Zeit von 1872—1882. Die wichtigste derselben war das sog. „Assekuranz-Regulativ", welches mit der Verordnung der Ministerien des Innern, der Justiz, des Handels und der Finanzen vom 18. August 1880 — als „Bestimmung für die Konzessionierung und staatliche Beaufsichtigung von Versicherungs-Anstalten" in dem Reichsgesetzblatte vom 26. August 1880, XXXVIII. Stück, No. 110 publiziert wurde. Das Motiv der Herausgabe dieser Norm wurde in dem ersten Satze dieses Gesetzes selbst angeführt, indem ausdrücklich bekannt gegeben ward, dass diese Rechtssätze „zur Sicherung der steten Erfüllbarkeit der von den Versicherungs-Anstalten übernommen Verpflichtungen und zur Wahrung der Interessen der Versicherten" aufgestellt wurden. Das Gesetz hatte die Normen, welche 1. für die Errichtung von Assekuranz-Gesellschaften und 2. für die staatliche Beaufsichtigung galten, zum Inhalte. — Diese Vorschrift normierte den angegebenen Gegenstand in 34 Paragraphen, welche fortlaufend gezählt wurden. — Der äusserlichen Anordnung nach zerfiel das Gesetz in mehrere Teile, deren erster: A) „Die Konzessionierung der Versicherungs-Gesellschaften" (§§ 1—23), der zweite: B) „Die staatliche Beaufsichtigung der Versicherungsanstalten" (§§ 24—30) behandelt. Überdies waren dem Gesetze (§§ 31 bis 34) „Allgemeine Bestimmungen", sowie „Formularien für den Rechnungsabschluss von Versicherungsanstalten" und zwar:

1. für reine Lebensversicherungs-Anstalten;
2. für gemischte Versicherungs-Anstalten angeschlossen.

Der zweite Abschnitt zerfiel in vier Hauptstücke:

I. Von den „Prämienreserven" (§ 25).
II. Von der „Kapitalsanlage" (§ 26).
III. Von dem „Rechnungsabschlusse" (§§ 27—29).
IV. Von dem „Rechenschaftsberichte" (§§ 30).

Das Gesetz war klar und allgemein verständlich abgefasst und erreichte den Zweck, welchen der Gesetzgeber damals bei Herausgabe desselben verfolgte, vollkommen. — Die Vorzüge desselben sind daher nicht nur im Inlande, sondern auch im Auslande allgemein anerkannt worden. So äusserte sich auch einer der grössten Kenner des Versicherungswesens, der Nationalökonom Prof. Wagner, in schmeichelhafter Weise über dasselbe und stellte es als „Musterstatut" den diesbezüglichen anderen europäischen Gesetzen voran. [Vgl. „Geschichte der Staatsaufsicht des Versicherungswesens", im Assekuranzjahrbuch 1881. (Wien).] Aber nicht nur in diesem Gesetze, sondern auch in den anderen das „öffentliche Assekuranzrecht" betreffenden Vorschriften gelangte der Wille des Gesetzgebers „die Sicherung der Rechte der Versicherten" entsprechend zum Ausdrucke. In dieser Beziehung sind weiters hervorzuheben:

a) Die Verträge, die mit den ausländischen Mächten über die „Zulassung der Versicherungs-Gesellschaften zum Geschäftsbetrieb in Österreich" abgeschlossen wurden, so insbesondere die „Kundmachung des Ministeriums des Innern vom 14. Februar 1877", betreffend die gegenseitige Zulassung von Versicherungs-Gesellschaften jeder Art zum Geschäftsbetriebe in Österreich und **Italien** (R. G. Bl. vom 22. Februar 1877, V. Stück, No. 13), ferner: das Gesetz vom 29. März 1873, betreffend die Zulassung der ausländischen Versicherungs-Gesellschaften zum Geschäftsbetriebe in den im Reichsrate vertretenen Königreichen und Ländern (R. G. Bl. vom 12. April 1875, XVI. Stück, No. 42), der Handelsvertrag mit Deutschland vom 23. Mai 1884 wegen Zulassung der deutschen „Aktien- und Versicherungs-Gesellschaften" (R. G. Bl. vom 30. Juni 1881, No. 64), das Gesetz vom 27. Juni 1878, wodurch das Ministerium zum Abschlusse einer Vereinbarung wegen Durchführung der Bestimmungen des Artikels XX des Zoll- und Handelsbündnisses mit dem Ministerium der Länder der ungarischen Krone ermächtigt wurde (R. G. Bl. vom 28. Juni 1878, XXIV. Stück, No. 63), schliesslich der Min.-Erlass vom 12. Mai 1880, Z. 7088, welcher bestimmt, dass, falls eine ungarische Versicherungs-Anstalt in den im Reichsrate vertretenen Ländern eine Zweigniederlassung errichten wolle, dieselbe überdies die **hierländige** staatliche Bewilligung erwirken muss.

b) Die teils zur Erläuterung, teils in Ergänzung der Gesetze seitens des Ministeriums des Innern, sowie der k. k. Statthaltereien herausgegebenen Erlässe.

Diese letzteren sub b) angeführten Vorschriften sind nicht im Reichsgesetzblatte publiziert worden, daher auch nicht „als allgemein kundgemacht“ anzusehen. — Dieselben sind rein interner Natur und lediglich als Rechtsbelehrungen, welche für die Unterbehörden erlassen wurden, aufzufassen. — Dessenungeachtet sind dieselben für jeden Kenner des Assekuranzrechtes ausserordentlich wichtig, zumal in denselben die den Versicherungs-Gesellschaften auferlegten **Verpflichtungen**, welche denselben dem Staate als Ober-Aufsichtsbehörde gegenüber obliegen, sehr präcis ausgedrückt erscheinen. Leider sind diese Normen nur in den bei dem k. k. Ministerium des Innern, sowie bei den k. k. Statthaltereien vorhandenen Normaliensammlungen publiziert, infolgedessen auch nur wenigen Organen der Versicherungs-Gesellschaften bekannt. — Eine wichtige, diesbezügliche Norm enthält insbesondere der Erlass des k. k. Ministeriums des Innern vom 7. Juni 1885 Z. 11 584, in welchem der Begriff „der Versicherungs-Vereine“ und der Unterschied eines „Versicherungs-Vereines“ von einer eigentlichen „Versicherungs-Anstalt“ genau festgestellt wird. — Eine besonders grosse Anzahl der auf das „öffentliche Assekuranzrecht“ Bezug habenden Normen enthält die Normaliensammlung der k. k. böhmischen Statthalterei. Von diesen sei besonders der Erlass vom 29. Dezember 1882, Z. 86 134, (Normale Nr. 239) erwähnt. In dieser Norm wurde der Begriff „der Kranken- und Invaliden-Unterstützungskassen“, „der Pensions- und Leichenkosten-Vereine“ festgestellt, und in Grundzügen die ordnungsmässige und strenge Überwachung der Vermögensgebahrung derselben angeordnet. — Durch diesen Erlass wurde eine Bürgschaft für die dauernde Erfüllbarkeit der diesen Vereinen obliegenden Verpflichtungen gewährt. — Mit den Erlässen vom 26. März 1884 Z. 5930 und vom 1. März 1883 Z. 86 143 wurden die allen Assekuranzgesellschaften, insbesondere jedoch den „Partikular- und Lokalversicherungs-Vereinen“ (sog. „Bauern-

Assekuranzen") betreffs der Vorlage der „Rechnungsabschlüsse" und der „Rechenschaftsberichte" obliegenden Verpflichtungen näher präcisiert, denen zufolge die Rechnungsabschlüsse „eine klare Darstellung der Einnahmen und Ausgaben, den Nachweis des Vermögensbestandes und der Anlage desselben zu enthalten haben"; in dem „Rechenschaftsberichte" insbesondere „der Versicherungsbestand", ferner der „Vorgang und das Ergebnis der Prämienumlage" genau anzugeben war. — Denselben waren Formularien über den „Gebahrungs- und Vermögensstand-Ausweis", sowie über den „Spezialausweis, betreffend den Vermögensbestand", angeschlossen. — Der Normalerlass vom 21. April 1885, Z. 24 987 schreibt für „ausländische Versicherungs-Gesellschaften" die Form der Veröffentlichung der „Spezialrechnungs-Abschlüsse" vor, demzufolge der zu veröffentlichende „Spezial-Rechnungsabschluss" „über das hierländische Geschäft aus einer Betriebsrechnung (Gewinn- und Verlustkonto) und einem Bilanzkonto zu bestehen habe", und ausserdem die Hauptrechnungs-Abschlüsse, die „Betriebsrechnung" (Gewinn- und Verlustkonto) und der Bilanzkonto im vorschriftsmässigen Wege zur allgemeinen Kenntnis zu bringen sind. — Die Nichterfüllung dieser Verpflichtung wurde durch Auferlegung einer besonders harten Strafe gesichert, indem „im Falle der Ausserachtlassung dieser Vorschriften" die „betreffenden Gesellschaften" die Widerrufung der Zulassung zum hierländischen Geschäfte zu gewärtigen hatten. — Ende des Jahres 1902 erschien eine Norm, in welcher eine strengere Überwachung der kleineren Versicherungsvereine angeordnet wurde. — Eine flüchtige Durchsicht dieser erwähnten Gesetze und Verordnungen genügt, um konstatieren zu können, dass der bereits im Assekuranz-Regulativ vom Jahre 1880 ausgedrückte Wille des Gesetzgebers, den Versicherten möglichste Sicherung ihrer Ansprüche zu verschaffen, in allen diesen Verordnungen zu Tage tritt und die zur Durchführung dieses Gedankens notwendigen entsprechenden Massnahmen überall mit logischer Schärfe getroffen wurden. — Insbesondere war dies bei den vom Ministerium des Innern und den k. k. Statthaltereien herausgegebenen Normalien der Fall, da hier viele das „Assekuranzrecht" betreffenden Begriffe formuliert wurden, welche insbesondere auch für den Theoretiker Interesse haben. — Die in diesen Normalien enthaltenen, die Hauptbestimmungen des Assekuranz-Regulativs knapp zusammenfassenden Sätze, sind geeignet, vorzüglich denjenigen dem das betreffende Regulativ fremd ist, diesbezüglich ganz zu informieren. — Eine gänzliche Reform des österreichischen „öffentlichen Assekuranzrechtes" fand jedoch erst durch Erscheinen des Gesetzes vom 5. 3. 1896 Z. 31 R. G. Bl. statt. In diesem Gesetze wurden viele gänzlich neue Erfordernisse, betreffend die Errichtung der Versicherungsgesellschaften aufgestellt.

Das Versicherungsregulativ vom Jahre 1896.

Die früheren gesetzlichen Bestimmungen, welche bezweckten, die Gebahrung, die Zulassung und Einrichtung der Vers.-Gesellschaften der Staatskontrolle zu unterwerfen, waren hauptsächlich im sog. „Vereinsgesetze" vom J. 1852, weiters in der Gewerbe-Ordnung vom J. 1859, im Gesetze vom 29. März 1873 Z. 42 R. G. Bl. betreffend die Zulassung ausländischer Gesellschaften zum Geschäftsbetriebe in Österreich" enthalten. Die ausserordentliche Verbreitung des Vers.-Wesens führte zu einer schärferen Kontrolle und einer genaueren Normierung der Staatsaufsicht, welche Anfangs in der Min.-Verord. vom 18. August 1880 Z. 110, später in der Min.-Verord. vom 5. März 1896 Z. 31 R. G. Bl. ihren Ausdruck fand. Die letztere Verordnung, welche allerdings **noch immer** der Verbesserung und Ergänzung bedarf, fand bei den Vers.-Gesellschaften Anfangs wenig Anklang, da dieselbe ihnen grosse statistische Arbeiten und grössere Lasten auferlegte. Das cit. Vers.-Regulativ v. 5. März 1896 hat die Tendenz, die Organisation der Vers.-Anstalten aufs Eingehendste zu regeln; die wesentlichsten Bestimmungen dieses Regulativs gipfeln in Folgendem:

1. **Erfordernisse zur Errichtung der Vers.-Anstalten:**

a) **Zugelassen** werden zum Geschäftsbetriebe in Österreich die „Gegenseitigkeitsgesellschaften", bei welchen die Mitglieder gegenseitig haften, oder „Aktiengesellschaften"; die sog. „gemischten" Gesellschaften, — bei welchen der

Versichernde mit oder ohne Gewinnanteil bei der Gesellschaft assekuriert oder von vornehinein vertragsmässig auf Anteil am Geschäftsgewinne berechtigt erscheint, — sind nach **diesem Regulative** sohin ausgeschlossen.

b) Zur Errichtung einer Vers.-Gesellschaft ist **staatliche Konzession**, ebenso auch zur Abänderung der Statuten staatliche Genehmigung notwendig.

c) Dem Gesuche um Zulassung ist ein „Statutenentwurf beizulegen, welcher insbesondere genaue Bestimmungen über die Geltendmachung der Haftung enthalten muss, namentlich, wann die „Haftung der Mitglieder" in Anspruch genommen werden kann, in welcher Weise und von wem ein Verlust gedeckt und wie derselbe repartiert wird und unter welchen Umständen auch ausgeschiedene Mitglieder haften. (Abs. 3—5 des § 2 des Regul.)

d) Überdies ist diesem Gesuche der „Entwurf der allgem. Vers.-Bedingnisse" beizulegen, und sind in demselben Bestimmungen über die Gefahren, gegen welche die Versicherung geleistet wird, über die „Feststellung und Leistung des Entgeltes" über „die Bedingungen des Eintrittes der Haftung der Gesellschaft", die „Feststellung des Umfanges der der Gesellschaft obliegenden Leistung", über die „Aufhebung des Vers.-vertrages", die „Rechte des Versicherten auf Anteilnahme an den Geschäftsüberschüssen", beziehungsweise am Geschäftsgewinne und über die „Verjährung der Rechte" (§ 11) zu treffen.

e) Bei der Konstituirung einer Versicherungs-Aktiengesellschaft ist ein Betrag von so vielmal 100000 Gulden bar einzuzahlen, als Versicherungszweige (Feuer, Hagel etc.) betrieben werden. — Mindestens aber muss das eingezahlte Kapital 300000 Gulden betragen. Bei „gegenseitigen **Lebens**-Vers.-Anstalten" hat der Gründungsfonds 20000 Gulden zu betragen. Für andere auf „Gegenseitigkeit beruhende Anstalten" ist eine Summe im Gesetze nicht bestimmt.

2. **Beschränkungen hinsichtlich des Betriebes.** Rücksichtlich der „Neuerrichtung" von Lebensversicherungsanstalten ist die Beschränkung statuiert worden, dass solchen neuen Anstalten neben der Lebensversicherung **nur** der

Betrieb von Renten-Vers. sowie der Betrieb von Invaliditätsversicherung gestattet ist. (§ 5). Eine weitere Beschränkung ist den Vers.-Anstalten durch das genannte Regulative dahin auferlegt worden, dass besondere Versicherungsbedingnisse, welche von den „allgemeinen" abweichen, nur dann als zulässig erkannt werden, wenn dieselben mit den „allgemeinen" nicht im Widerspruch stehen, dieselben nur ergänzen oder wenn sie den Versicherten **günstigere** Bedingungen gewähren.

3. **Spezielle Bestimmung hinsichtlich der Lebens-Vers.**:

a) Jede Änderung eines „Nettoprämientarifes" bedarf der staatlichen Genehmigung (§ 9).

b) Die Lebens-Vers. haben immer eine schriftliche Darlegung der Belehnungsgrundlage der Prämien vorzulegen. Daselbst sind auch die Höhe der Regiezuschläge und die Grundsätze für die Berechnung der Prämienreserve anzuführen. (§ 8.)

c) Die Polizze hat ausdrücklich in der Tabelle die Rückkaufswerte, beginnend für eine Dauer von 3 Jahren und dann für Zeitabschnitte von wenigstens fünf zu fünf Jahren ziffermässig anzugeben. (§ 12 Abs. 7.)

d) Lebens-Vers. dürfen nur dann „Erbgesellschaften" (Tontinen) bilden, wenn die Anstalt selbst nicht als Versicherer erscheint (§ 19). In diesem Falle ist das Vermögen solcher Gesellschaften nur als ein der Anstalt anvertrautes Gut zu behandeln.

e) Die Ausdehnung des Geschäftsbetriebes derselben in einem ausländischen Staate ist nur dann zulässig, wenn die Prämienreserve vollständig durch pupillarsichere Werte bedeckt ist.

f) Die Belastung des Gesellschaftsvermögens wegen allfälliger Kautionserhöhung ist nur dann zulässig, wenn diese Auslagen durch neue Einzahlungen oder bereits gebildete Gewinnreserven gedeckt sind. — (§ 20 Abs. 3.)

g) Der Gebarungs- und Vermögensstand der Lebens-Vers. ist im Interesse seiner Klarstellung von jenem der übrigen Versicherungszwecke gesondert darzustellen (§ 33 Abs. 1).

h) Als „Schadenreserve", nämlich als den zur Bedeckung bereits fälliger Leistungen aus Vers.-Verträgen erforderliche Betrag, ist die ganze Summe der nach Eintritt der versicherten Ereignisse fälligen Versicherungsbeträge einzustellen. (Punkt 9 § 33.)

i) Die Prämienreserven der Lebens-Vers. sind nach mathematischen Grundsätzen durch einen Sachverständigen jedes Jahr zu berechnen und die Berechnung derselben hat ohne Einrechnung von Abschlussprovisionen zu erfolgen; überdies sind die Prämienreserven der übernommenen Rückversicherung nach den Tarifen der in Rückversicherung nehmenden Gesellschaften zu berechnen, endlich sind die Prämienreserven mindestens nach den einzelnen Gattungen der Versicherungen getrennt auszuweisen (§ 28.)

j) Im jährlichen Rechenschaftsberichte ist bei diesen Anstalten der Zuwachs und der Abfall nach den einzelnen Abfallsraten und zwar: Eintritt des versicherten Ereignisses, Rükkauf, Storni oder andere Ursachen, weiters der Stand der direkten Kapital-Vers. (ohne Abzug der Rückversicherungen) nach den Staatsgebieten gesondert darzustellen (§ 34.)

k) Den Repräsentanzen ausländischer Versicherungsanstalten obliegt rücksichtlich der hierländischen Lebensversicherungsgeschäfte die Führung, beziehungsweise die Beschaffung jener Bücher, aus welchen die Berechnung der Prämienreserven entnommen werden kann.

l) Eine der einschneidensten Bestimmungen, welche auch das **materielle** Recht beeinflusst, ist die, dass die Policen, welche mindestens drei Jahre in Kraft sind, ausschliesslich solcher für temporäre Vers. wegen Einstellung der Prämienzahlung **nicht ohne Entgelt** an die Versicherten storniert werden dürfen. (§ 12 Abs. 1.)

4. **Staatliche Aufsicht.** Damit der Staat in der Lage ist, die ihm obliegende Oberaufsicht über die Gebarung der Vers.-Gesellschaften ordnungsmässig auszuüben, wurden den staatlichen mit diesem Aufsichtsrechte bekleideten Organen gewisse Machtbefugnisse eingeräumt:

a) Es erscheinen nunmehr alle Vers.-Gesellschaften und **zwar**: die österreichischen sowie die ausländischen verpflichtet, diesen Organen der Staatsaufsicht alle Behelfe und Aufklärungen zu geben, welche in Ausführung des staatlichen Aufsichtsrechtes gefordert werden, und ist jenen zu diesem Zwecke die Einsicht in die Bücher und Rechnungen der Gesellschaft jederzeit zu gestatten (§ 38.)

b) Diese Kontrolle der Geschäftsgebarung wird durch ein im Jahre 1897 erweitertes Departement „für Privatversicherung“ und zwar durch das Ministerium des Innern ausgeübt. An die Spitze dieses Departement's wurde ein hervorragender Vers.-Beamter gestellt und ihm eine Reihe von Hilfskräften, insbesondere auch Vers.-Technikern und Vers.-Mathematikern zugeteilt.

c) Bei der Untersuchung der Geschäftsgebarung ausländischer Vers.-Gesellschaften ist rücksichtlich ihres hierländischen Geschäftsbetriebes in gleicher Weise wie bei den inländischen Anstalten vorzugehen; die Untersuchung soll jedoch, so weit als möglich, auch auf das Gesamtgeschäft ausgedehnt werden. Hierbei wurde jedoch den Generalrepräsentanzen ausländischer Versicherungsanstalten noch eine besondere Verpflichtung auferlegt. Sie haben nämlich alle Bücher und Aufschreibungen zu führen, eventuell von der Zentralleitung der Gesellschaft zu beschaffen, welche zur Revision des hierländischen Geschäftes von der Aufsichtsbehörde erforderlich befunden werden. Insbesondere obliegt ihnen, rücksichtlich des hierländischen Lebensversicherungsgeschäftes, die Führung, beziehungsweise Beschaffung jener Bücher, aus welchen die Berechnung der Prämienreserven entnommen werden kann. Rücksichtlich des Gesamtgeschäftes haben dieselben, über jeweiligen Auftrag der Staatsoberaufsichtsbehörde, die Nachweise von der Zentrale zu requirieren.

d) Besondere Verpflichtungen gegenüber der staatlichen Aufsichtsbehörde obliegen den Vers.-Gesellschaften im Falle der Auflösung einer Gesellschaft, oder im Falle der Übertragung des Vers.-Bestandes in seiner Gesamtheit oder in einzelnen Zweigen samt den darauf bezüglichen Reserven von einer Gesellschaft auf eine andere. In diesen Fällen haben die Vers.-Gesellschaften jedenfalls die Modalitäten der Auflösung, sowie die auf eine solche Übertragung oder Übernahme bezüglichen Abmachungen **vor** ihrem rechtsgültigen Zustandekommen der Behörde mitzuteilen. — Es obliegt gleichzeitig den Vers.-Gesellschaften, alle erforderlichen Behelfe zur Beurteilung dieser Transaktion der Behörde vorzulegen. Solche Abmachungen sind an die Genehmigung der Aufsichtsbehörde gebunden und sind für den Fall der Einsprache der Behörde ungültig.

e) Ein weiteres Mittel zur ordnungsmässigen Ausübung der Kontrolle ist im § 17 des Regulatives statuiert, indem — um die stete Erfüllbarkeit der von der Anstalt übernommenen Verpflichtungen zu sichern — nach Massgabe der Umstände und Zeitverhältnisse, bei Beginn des Geschäftsbetriebes, auch der Erlag einer Kaution, beziehungsweise eine Erhöhung derselben gefordert werden kann.

f) Überdies ist gemäss § 28, letzer Absatz, dem Ministerium des Innern die Anordnung einer fachmännischen Überprüfung der Prämienreserven jederzeit gestattet.

5. Zur Bedeckung der **„Prämienreserve“** sind folgende Bestimmungen im § 30 des Regulatives getroffen worden:

a) Erfordert wird die Anlage in pupillarsicheren, inländischen Wertpapieren.

b) Darlehen dürfen an den Staat und die im Reichsrate vertretenen Länder geleistet werden.

c) Darlehen dürfen ferner auch auf inländische pupillarsichere Hypotheken geleistet werden; zulässig ist auch

d) Anlage bei inländischen Sparkassen;

e) Eskompte solcher Wechsel, die sich zum Eskompte bei der österr.-ungar. Bank eignen;

f) Darlehen auf eigene Lebensversicherungspolicen;

g) Darlehen auf sub a angeführte Werteffekten;

h) Darlehen an inländische „Erwerbs- und Wirtschaftsgenossenschaften“;

i) Kautionsdarlehen an Versicherte, sofern für die Sicherheit dieser Kapitalsanlage durch besondere Einrichtungen vorgesorgt ist;

k) Anlage bei accreditierten inländischen Kredit-Anstalten im Kontokorrentgeschäfte.

6. Eine besondere Verpflichtung ist den Versicherungsgesellschaften insbesondere durch die ordnungsmässige „Aus-

fertigung und Vorlage von **jährlichen** Rechnungsabschlüssen" an die Behörde auferlegt. Dem Ministerium des Innern ist das Recht eingeräumt, periodisch, amtliche Publikationen über den Stand des Vers.-wesens zu veranlassen. [Es sind bereits zwei (1901 u. 1902) erschienen.] Der jährliche Rechnungsabschluss einer Versicherungsanstalt hat zufolge der §§ 31—33 des Regulativ's aus der „Betriebsrechnung" („Gewinn- und Verlustkonto") und aus der „Bilanz" zu bestehen. Der „Betriebsrechnung" ist die „Nachweisung über die Verwendung des Überschusses der Jahresgebarung" beizuschliessen. Ausländische zum Geschäftsbetriebe in Österreich zugelassene Versicherungsanstalten haben für ihr „gesamtes" und überdies für das „hierländische" Geschäft gesondert Rechnung zu legen (§ 36 des Reg.). Trotzdem hierdurch das „öffentliche Assekuranz-Recht" eine ziemlich erschöpfende Kodifikation erhalten hat, macht sich doch alltäglich eine Ergänzung desselben fühlbar. Deshalb wäre es ausserordentlich erspriesslich, wenn vom Ministerium des Innern ein etwa monatlich erscheinendes „Verordnungsblatt für das Versicherungswesen" in Österreich herausgegeben würde, welches, dem praktischen Leben entsprechend, die Normen ergänzen und so manche Lücke ausfüllen würde.

II.

Nicht so reich ist das Gesetzmaterial, welches die finanziellen Verpflichtungen der Versicherer und der Versicherten an den Staat regelt. Die Vorschriften über die „Steuer- und Gebührenpflicht" der Assekuranzgesellschaften bestehen nur in wenigen gesetzlichen Bestimmungen, welche teils im Reichsgesetzblatte, teils im Verordnungsblatte des Finanz-Ministeriums und der Finanz-Landesbehörden publiziert wurden. Die Besteuerung der gewinnbringenden Unternehmungen erfolgte früher in Österreich durch die Erwerbsteuer (beruhend auf dem Patente vom 31. Dezember 1812) und durch die Einkommensteuer, welche auf dem Patente vom 27. Oktober 1849 beruhte. Es unterlagen die Versicherungs-Gesellschaften, deren Tätigkeit auf **Erwerb** gerichtet war:

1. Der Erwerbsteuer. Die Versicherungs-Gesellschaften wurden, was die Erwerbsteuerpflicht anbetrifft, in die **zweite** Hauptbeschäftigungs-Abteilung (§ 4 des Erwerbsteuer-Patentes) eingeteilt. — Abgesehen von der im § 4 erwähnten „Erwerbsteuer“, hatten die Versicherungs-Unternehmungen wie alle Erwerbsteuer-Unternehmungen auch

2. die Einkommensteuer zu berichtigen. (§ 4, Z. 1 des Einkommensteuer-Patentes vom 29. Oktober 1849, R. G. Bl. No. 439, Vollzugsvorschrift vom 11. Jänner 1850, R. G. Bl. No. 10.)

Wurde die Unternehmung noch nicht ein Jahr betrieben, so war der Ertrag anzugeben, welcher im Laufe des Jahres mit Wahrscheinlichkeit zu erwarten war. (§ 10 des citierten Einkommensteuerpatentes.) Die ausländischen Versicherungs-Gesellschaften wurden als „Handlungs-Unternehmungen“ besteuert. (Vergl. Gesetz vom 29. März 1873, Z. 42 betreffend die Besteuerung der ausländischen Versicherungs - Gesellschaften). Massgebend für die „auf Wechselseitigkeit“ beruhenden Vereine war das Gesetz vom 15. April 1885 R. G. Bl. No. 51 welches die Befreiung dieser Vereine von der Steuerpflicht statuierte. — Für **ungarische** Assekuranz-Gesellschaften war 1. das Gesetz vom 28. Juli 1871 R. G. Bl. No. 89 massgebend, in welchem das Übereinkommen zwischen dem k. k. österreichischen und dem königl. ungarischen Finanz-Ministerium, in betreff der Teilung der Steuer von Unternehmungen, welche ihren Geschäftsbetrieb auf beide Gebiete ausdehnen, sowie 2. der mit dem Erlasse der k. k. Finanz-Landesdirektion Prag vom 3. Februar 1872 Z. 1330 intimierte Erlass des k. k. Finanz-Ministeriums vom 4. Jänner 1872, Z. 2671 F. M. mit welchem die Bestimmungen über die „Besteuerung der Filialen und Agenten“ ungarischer Versicherungs-Gesellschaften getroffen wurden; der letztere Erlass war nur im Finanzministerialblatte (nicht im Reichsgesetzblatte) kundgemacht, und daher lediglich als interne Weisung an die unteren k. k. Finanzbehörden aufzufassen. — Die im Erlasse des k. k. Finanz-Ministeriums vom 9. Jänner 1874, Z. 20. 904 aufgestellten Normen sind insofern von juristischem Belang, als hier genau festgestellt wird, dass bei jedem Geschäftsbetriebe einer Assekuranzanstalt ein **zweifaches** Einkommen zu unterscheiden sei, nämlich: **1.** das „Einkommen der Anstalt selbst", welches in der Form von Überschüssen der Prämien und etwaigen sonstigen Eingängen über die ausgezahlten Schadenvergütungen und Regieauslagen zu Tage tritt," dann **2.** das Einkommen, „der für die Zwecke der Anstalt wirkenden Personen", welches denselben als Entlohnung für diese Tätigkeit, sei es in fixen Bezügen (z. B. Gehalten), sei es in variablen Genüssen (z. B. als Provisionen) von der Anstalt gewährt wurde. — Hiedurch ward für die Steuer-Vorschreibungs-Organe eine Grundlage, was als **„Steuerobjekt"** anzusehen ist — gegeben. — Der **Gebühren**entrichtung unterliegt sowohl der „Gesellschafts-" als der „Versicherungsvertrag". — Bei den „wechselseitigen Versicherungsanstalten" werden öfters bei der Gründung „Anteilscheine" (Schuldscheine) nämlich: Anweisungen auf den zu bildenden Reservefond, herausgegeben, [vgl.: Lagler Wenzel, Abhandlung über die unmittelbare Entrichtung der Stempelgebühr, insbesondere vonseiten der Aktien-Gesellschaften, dann der Versicherungsanstalten. Prag 1873], da in solchen Fällen die Gesellschaftsgelder erst **durch** die Versicherungen einfliessen, und daher vor dem Inslebentreten der Bank kein genügender Fond zur Bestreitung der notwendigen Auslagen vorhanden wäre. — Diese Anteilscheine unterliegen nach T. Post. 36 des Gesetzes vom 13. Dezember 1862 R. G. Bl. No. 89 der Gebühr nach Skala II oder III und zwar, je nachdem sie auf „Namen" oder „Überbringer" lauten. — Die Grundlage der Gebührenbemessung sowohl, als die Art der Gebührentrichtung hat in den Jahren 1850 bis 1870, sechziger Jahren, in welchen die Entrichtung der Gebühren von Versicherungs-Verträgen in Österreich gesetzlich festgestellt wurde, gewechselt. — Das Gesetz vom 9. Februar 1850 spricht von der „Assekuranzprämie" oder dem „Preise, gegen den die Versicherung stattfindet", als demjenigen Werte, von welchem die Gebühr zu bemessen ist. — Die Gebühr wurde nach Skala II berechnet. — Das Gesetz vom 13. Dezember 1862 kennt nur den Preis, gegen den die Versicherung stattfindet, als Grundlage. Im Jahre 1863 wurde die „**unmittelbare** Gebührenentrichtung" eingeführt und wurden neue Bestimmungen insbesondere in der Gebührennovelle, — betreffend die Gebührenentrichtung seitens der Versicherungsanstalten — getroffen. Die Versicherungsverträge unterliegen hiernach der Gebühr nach Skala III, nach der Höhe des Preises, gegen den die Versicherung stattfindet. In dieser Gebührennovelle wurde auch die Form festgesetzt, in welcher die Assekuranzanstalten — wozu auch Eisenbahn- und Dampfschiffahrts-Unternehmungen hinsichtlich der Transportversicherung gehören — die Gebühr für den Abschluss der Versicherungs-Verträge zu entrichten haben. Zugleich wurde auch das Ausmass der Gebühren, für die Lebens-, Transport-, Rück-und alle anderen Versicherungen bestimmt.

Schon ein flüchtiger Überblick über diese das Assekuranzwesen in Österreich vorhandenen Normen, insofern dieselben die „Steuer- und Gebührenpflicht" regeln, erweist uns, dass diese unzureichend sind, da noch viele Rechtsfragen hier nicht ihre Lösung finden. Es findet jedoch sowohl der praktische Jurist, als auch der Assekurateur eine ausserordentliche Stütze bei strittigen Rechtsfragen in den vortrefflichen Entscheidungen des k. k. Verwaltungsgerichtshofes. In diesen den betreffenden Entscheidungen angeschlossenen Gründen erfahren die einzelnen Begriffe eine juristisch scharfe Umgrenzung. Da auf dem Gebiete des Assekuranzgebühren- und steuerrechtes eine stattliche Reihe derselben erflossen ist, so wurde so manche vielfach bestrittene Frage hiedurch gelöst und bilden dieselben ein Präjudiz sowie eine sichere Grundlage zur gerechten Entscheidung ähnlicher Rechtsfragen. Während sohin auf dem Gebiete des „öffentlichen Assekuranzrechtes" schon in dem Assekuranzregulative so manche entsprechende Norm vorhanden ist, ist bedauerlicherweise der Mangel auf dem Gebiete des Assekuranzprivatrechtes ein sehr fühlbarer. Die österreichische Gesetzgebung hat seit dem Jahre 1811 keine Norm erlassen. Täglich macht sich dieser Mangel an präzisen Normen fühlbarer. Das gesamte Assekuranzprivatrecht besteht bloss in den wenigen Paragraphen des A. B. G. B. und dass diese keine genügende Rechtsgrundlage bei Fällung der Erkenntnisse in Versicherungsrechtsfällen bilden können, ist selbstverständlich, zumal diese Normen veraltet sind. — Viele Faktoren sind es, welche bewirkten, dass es an einem Privatassekuranzrechte in Österreich noch fehlt. Einer der hauptsächlichsten Gründe war darin gelegen, dass gewisse Normen seitens der Assekuranzkreise verlangt werden, welche die Regierung ablehnte.

Verfolgt man die Geschichte anderer Gesetze (vergl. die Geschichte des Entwurfes eines allgemeinen deutschen Handelsgesetzbuches von Hofrat Dr. Heinrich Thöl, Professor der Rechte zu Göttingen, betreffend das von der österreichischen, preussischen und bayrischen Regierung bei der dritten Abfassung des Entwurfes eingeschlagene Verfahren. Göttingen. Dieterichische Buchhandlung 1861), so findet man überall, dass grosse Schwierigkeiten der Abfassung eines für so viele Interessenten wichtigen Gesetzes entgegenstanden, dass es aber den gemeinsamen Bemühungen gelang, einen baldigen Abschluss zu finden (vgl. Thöl. a. a. O. S. 47) und das schwierige Werk zu beendigen.

Es ist unzweifelhaft, dass der neue Gesetzentwurf mit den Bestimmungen des gegenwärtig in Österreich bestehenden Rechtes nicht im Einklange stehen darf. Der Hauptgedanke wird immer darauf gerichtet sein müssen, dass das Interesse der Versicherten gegen allfällige Übervorteilung seitens der Assekuranzagenten geschützt, andernteils jedoch auch das Interesse der Versicherungs-Gesellschaften auf die genaue Einhaltung des rechtsgültig abgeschlossenen Versicherungsvertrages seitens der Versicherungsnehmer gewahrt werde.

Es genügt den modernen Ansprüchen durchaus nicht mehr, falls einseitig die Rechte des Versicherungsnehmers geschützt werden; es muss auch der Versicherer gegen unlautere Bestrebungen der Versicherungs-Interessenten in dem Gesetze eine kräftige Handhabe finden.

---

§ 2.

Begriff der Versicherung. — [Arten derselben.]

[Begriff des „Rechtes", des „Versicherungs-Rechtes"; Motiv zum Abschlusse des Versicherungs-Vertrages, — Begriff des „Risiko"- „Pauschal- und General-Versicherung". — Begriff der „Über"- und „Unter"-Versicherung Einfluss des Betruges. [Bona fides.]

Dem Alter ihres Entstehens nach, folgten die einzelnen Zweige der Versicherung etwa so aufeinander: zuerst die See-Versicherung (erst viel später), die „Fluss"-, „Land"-, „Transport"-, „Valoren"-, „Reise"- und „Unfall"-Versicherung; sowie die „Feuer-", „Rück"-Versicherung, Lebens-, Renten-, Hagel-, Vieh-, Glas-, Hypotheken-, Unfall-, Haftpflicht-, inklusive Kranken-, Invaliditäts- und Arbeiter-Versicherung. (In letzter Zeit sind die Kredit- und Stellenlosigkeits-Versicherung als Projekte entstanden. — „Recht" im objektiven Sinne dieses Wortes ist (vgl. Merkl., Holzendorf etc.) die Richtschnur, welche eine Gemeinschaft in Bezug auf das Verhalten ihrer Angehörigen Anderen und ihr selbst gegenüber, sowie in Bezug auf die Formen ihrer eigenen Wirksamkeit zur Geltung bringt.

Das Recht erzeugt Ordnung, indem es die Machtsphären der an der Gemeinschaft Teilhabenden gegen einander und im Verhältnisse zur Gemeinschaft abgränzt.

Das „Versicherungsrecht" ist ein Teil des modernen „Verkehrsrechtes". Es ist an Kontroversen geradezu immens reich. Der Grund, weshalb so viel strittige Fragen gerade hier auftauchen, ist einerseits der, dass es an einer Regelung des Versicherungsrechtes fehlt, andererseits, auch der, dass hier die Gegensätze der Interessen beider Vertragsteile ungemein scharf hervortreten.

Gegenüber stehen einerseits der „Versicherer", [gewöhnlich eine grosse Gesellschaft mit Kapital, Statuten etc. ausgestattet,] andererseits jedoch der „Versicherungslustige", eine in fachtechnischer Beziehung gewöhnlich unerfahrene Person, welche öfters den Vertrag, bezw. die Bedingungen, die sie unterschreibt, gar nicht liest. Die **Gegenstände** der Versicherung zerfallen in 2 Kategorieen:

1. die sog. „Personen"- oder „Lebens-Versicherung", d. i. Todesfall-, Kapital-, Renten-, Kranken-, Unfall-, Reise-Versicherung;

2. die „Sach"- oder Schaden-Versicherung: d. i. die Versicherung gegen Verluste am Eigentum: die „Feuer-, Hagel-, Transport-, Seeversicherung".]

Der Versicherungs-Vertrag kann abgeschlossen werden:

1. mit „öffentlichen Anstalten": das sind die „staatlichen", „Landes"- oder „städtische", „Gemeinde"-Anstalten. Die letzteren heissen in Deutschland öfters „Sozietäten", „Landesbrandkassen" etc. Die Anstalten haben auch öfters Sonderrechte, Privilegien; es werden hier die Versicherungsbeiträge oft wie „Steuern" eingehoben. —

2. mit „Privatversicherungsanstalten", diese sind entweder „Aktien"- oder „Gegenseitigkeits"-Anstalten. Die Gefahr, für welche, betreffend das Versicherungsobjekt der Versicherer (Assekuradeur) dem Versicherten gegenüber haftet, heisst „Risiko". [Lemcke, Versich.-Wesen Berlin.]

„Risiko" heisst aber auch in der Assekuranzsprache das Versicherungsobjekt selbst. Der bestimmte Geldbetrag, welchen der Versicherungsnehmer dem Versicherer für die Übernahme der Haftung zu leisten hat, heisst **„Prämie"**. Diese **„Prämie"**, welche für die Übernahme der Gefahr bezahlt wird zerfällt in 3 Teile:

1. in die „reine Risikoprämie" (bestimmt zur Deckung von Schäden),
2. in den Zuschlag für die Geschäftsunkosten,

und 3. in den „beabsichtigten Unternehmergewinn". Der Prämiensatz versteht sich auf: pro mille oder pro cent (100) der Versicherungssumme.

Zweck des Versicherungsinstitutes ist, die Verluste, welche den Versicherungsnehmer **zufällig** und **unverschuldet** treffen, zu decken; ein weiterer Zweck ist die Ansammlung von Geldern von Verwaltungs-Überschüssen, um diese zur Deckung der Verluste bereit zu haben. Der Begriff des „Risikos" ist in der „Lebensversicherung" ein wesentlich anderer, als in den verschiedenen Zweigen der „Schadenversicherung". — Bei der „Lebens-Versicherung" i. e. S. also bei der „Kapital-Versicherung auf den Todesfall" schlechthin, und bei der „abgekürzten" oder „Alternative-Versicherung". hat das Risiko keineswegs die Bedeutung der bis zu einem gewissen Grade wahrscheinlichen Gefahr des Eintrittes einer Leistungs-Verpflichtung; hier tritt die Leistungs-Verpflichtung nicht nur wahrscheinlich, sondern ganz sicher ein, und ist nur ungewiss, ob sie früher oder später eintritt; hier kann also nur von einem Risiko insoferne die Rede sein, als im einzelnen Falle die Leistung früher fällig werden **kann**, als sie durch Gegenleistungen des Versicherers gedeckt ist. Viel später als die anderen Versicherungs-Zweige entwickelte sich die „Lebens-Versicherung". Im 17ten Jahrhundert kamen sog. „Vereine zur gegenseitigen Beerbung" vor. Aus diesen entstanden die sog. **„Tontinen"** (gegenseitige Beerbungs-Gesellschaften). Im Laufe der Zeit entstand eine zweite Art von „Tontinen" (von Amerika eingeführt). Diese Art bestand in der Verteilung der zu diesem Zwecke angesammelten jährlichen Gewinn-Anteile nach bestimmter Frist unter alle Mitglieder, welche später in diesem Zeitpunkte noch versichert waren (Halbtontine), beziehungsweise in der Verteilung der gesamten „Sparguthaben" („Prämienreserven") von allen Ausgeschiedenen unter die Verbliebenen nach bestimmter Frist — (Ganztontine). [Vgl. Lemcke, Das Vers.-Wesen Berlin.]

Die letztere Art der Verteilung, nämlich die „Ganztontine" ist, wegen des Verlustes des Rückkaufsrechtes vielfach angefochten worden. In der Versicherungsbranche wird oft von sog. „Spezial"- und „General-Versicherungen" gesprochen. Das Normale bei jedem Versicherungs-Vertrage ist die sog. „Spezial-Versicherung". Bei dieser „Versicherung" ist das „versicherte Interesse" an ganz bestimmte, bei dem Abschlusse des Vertrages genau bezeichnete Gegenstände oder Personen geknüpft. Es wird z. B. ein bestimmtes Haus gegen „Feuer", eine bestimmte Person gegen „Unfall" versichert [also A. versichert sich bei der Assicu. Generali auf den Betrag pr. 2000 fl., welcher nach seinem Ableben seiner Tochter auszuzahlen ist]. Unter

„General-Versicherung" versteht man jene Versicherung, bei welcher auf Grund eines **einzigen** Vertrages eine grosse Anzahl von Versicherungs-Verhältnissen mit verschiedenem Inhalte entsteht. —

Die „General"-Versicherung wird in 2 Unterarten, nämlich: in die „Pauschal"- und die sog. „laufende Versicherung" eingeteilt. Bei der „**Pauschal**-Versicherung" ist das charakteristische Merkmal, dass bei Abschluss des Vertrages eine **Gesamt**versicherungssumme festgesetzt wird, nach welcher eine **Gesammt**prämie, die im voraus zu entrichten ist, berechnet wird. Die Pauschalversicherung hat grössere Bedeutung bei der „Transport-Versicherung" (also z. B. der Zuckerfabrikant X. bezahlt im voraus 400 fl. und versichert **pauschaliter** alle Erzeugnisse seiner Fabrik, die von 20. 11. 1902 bis 30. 11. 1902 von Hamburg nach London transportiert werden, bei der Transportversicherungsgesellschaft X).

Die „Pauschal-Versicherung" kommt in zwei weiteren Unterarten vor: die sog. „**Tages**"- und die „**Jahres**-Pauschal-Versicherung". Bei der „Tages-Pauschal-Versicherung", auch „Police mit täglicher Versicherungssumme" oder kurz „Tages-Police" genannt, bestimmt der Versicherungsnehmer (also der Fabrikant, der Kaufmann), den **Höchst**betrag des Wertes der Güter, welche er voraussichtlich täglich unterwegs hat. (Diese Pauschalversicherung kommt **nur** bei der Transportversicherung vor.) Bei dieser Versicherung hat der Versicherungsnehmer viel geringere Pflichten. Der Versicherte ist von weiteren Anmeldungen oder Mitteilungen an die Assekuranz-Gesellschaften sowie auch von der Führung besonderer Bücher entbunden; er muss nur die einzelnen Transporte in die ordentlichen Geschäftsbücher eintragen, eine Verpflichtung, die er als ordentlicher Kaufmann an und für sich erfüllen muss. Tritt ein Schaden ein, so muss der Versicherungsnehmer angeben, welchen Wert die an dem betreffenden Tage unterwegs gewesenen Güter gehabt haben.

Wir müssen bei der „Versicherung" einen weiteren Unterschied zwischen der sog. „**Über**"- und „**Unterversicherung**" machen. **Immer** wird ein „Interesse" versichert, d. i. gegen den Eintritt einer Gefahr sichergestellt. Dieses Interesse ist in Geld schätzbar. Die Regel ist, dass der **volle Wert** des Interesses versichert wird, also **nur** der Vollwert. — Es ist aber auch möglich und kommt häufig vor, dass ein Interesse „höher“ oder „niedriger“ versichert wird, als sein Wert beträgt. In diesem Falle spricht man von „**Über-**“ oder „Unterversicherung“. Woran erkennen wir, dass „Über“- oder „Unterversicherung“ stattfand? Wir werden diesen Umstand daran erkennen, dass der wahre Wert des Versicherungsobjektes überschritten oder zu gering angegeben wurde. — Hier werden folgende Summen, bezw. Werte auseinander gehalten:

1. der Versicherungswert d. h. der Wert zur Zeit des Vertragsabschlusses;
2. die Versicherungssumme, aus dieser berechnet sich
3. die Prämie. — [Vgl. Lemcke, Das Versicherungswesen. Berlin.] – Wir müssen vor Allem genau die Begriffe „Versicherungswert“ oder „Versicherungssumme“ kennen lernen, und dann wird sich das Wesen der „Unter“- oder „Über-Versicherung“ klar ergeben. Die Gründe, welche die Entstehung einer Überversicherung bilden, können verschiedenartige sein.

Ausserordentlich interessant ist die Geschichte der Entwickelung der „Lebensversicherung“, sowie auch der technische Aufbau der Lebensversicherung. Wichtig für die Berechnung der Präme ist insbesondere die Kenntnis der wichtigsten „Sterblichkeitstafeln“, sowie die Prämienberechnung aus der „Sterblichkeitstafel“; die Berechnung der „Prämien-Reserve“ oder des sog. „Deckungsfondes“.- — Wichtig für das Versicherungsrecht ist schliesslich der Begriff des „Betruges“, die Hoffnung einen grösseren Gewinn aus der „Versicherung“ zu erzielen, weiter die Lehre vom „Irrtum“, der in bona fide d. i. im guten Glauben begangen wurde. Es werden hier die allgemeinen Lehren, betreffend den Einfluss der bona fides d. i. des guten Glaubens beim Abschlusse des Vertrages zu beachten sein.

§ 3.

Der Beginn der Haftung der Versicherungsgesellschaften nach österr. Rechte.

Bei dem Abschlusse eines Versicherungsvertrages verpflichtet sich die Versicherungsgesellschaft (der Versicherer) in einem Voraus fixierten Zeitpunkte, eine ganz genau bestimmte Summe zu berichtigen. Wann ist der Versicherungsvertrag als „abgeschlossen“ zu erklären? Wann beginnt die Haftung der Versicherungsgesellschaft? Die Judikatur des k. k. obersten Gerichtshofes hat nachstehende zwei Rechtssätze festgestellt:

1. Die Versicherung (Haftung) des Assekuradeurs beginnt in dem Zeitpunkte, in welchem der Versicherungsvertrag perfekt wird.

2. Der Versicherungsvertrag wird perfekt mit dem Zeitpunkte, in welchem die Versicherung (Haftung) des Assekuradeurs beginnt. [E. d. o. G. H. vom 7. Dezember 1871. Z. 12676 No. 4351.] Zur Gültigkeit eines jeden Vertrages ist erforderlich, dass derselbe den in den Bestimmungen der §§ 864, 861 u. 1288 gestellten Erfordnissen entpricht.

Ist nun der Versicherungsvertrag mit dem Momente, sobald die Versicherungspolice von der Versicherungsgesellschaft ordnungsmässig ausgefertigt, in die Hände des Versicherungsnehmers gelangt, schon als perfekt anzusehen? Vom Standpunkte des österr. allgemeinen bürgerl. Gesetzbuches gewiss; und doch wird in diesem Momente der Beginn der Haftung der Versicherungsgesellschaft noch nicht eingetreten sein, weil statutengemäss in fast allen Versicherungsbedingungen die Bestimmung enthalten ist, dass die Gesellschaften erst dann zur Zahlung einer Entschädigungssumme verpflichtet sind, sobald die erste Prämie bezahlt ist. Hat der Versicherungsnehmer die Deklaration bei dem Lebensversicherungsvertrage, den Antrag bei dem Feuerversicherungsvertrage unterschrieben und hierdurch ausdrücklich erklärt, dass er alle in der Police statuierten Verpflichtungen erfüllen werde, und wurde in der Police festgesetzt, dass die Haftung der Gesellschaft erst nach Bezahlung der ersten Prämie erfolgt, so haben wir hier den Fall, bei dessen Eintritt allerdings der Vertrag perfekt ist, die Versicherung jedoch, trotz des perfekten Vertrages noch nicht beginnt; mit anderen Worten: Durch die Unterfertigung des Antrages erscheint der Versicherungsnehmer bereits verpflichtet, die Gesellschaft jedoch noch nicht. Der oberste Gerichtshof hat allerdings in der Entscheidung vom 15. II. 1877 Z. 8084 Gl.-Ung. No. 6379 den Rechtssatz ausgesprochen, dass für einen nach Abschluss des Versicherungsvertrages eintretenden Brandschaden der Versicherer haftet, wenngleich, ohne Verzug des Versicherten die erste Prämie nicht bezahlt ist. Diese Entscheidung ist jedoch eine vereinzelte. Denn, andererseits erklärte der k. k. oberste Gerichtshof wiederholt, dass die Zahlung der ersten Prämie lediglich ein Äquivalent für die Übernahme von so vielen Gefahren seitens der Gesellschaft ist, und als Abschlagszahlung auf die mit der Verwaltung der Gesellschaft verbundenen Kosten betrachtet werden müsse, daher von einer Übernahme irgend welcher Zahlungspflicht keine Rede sein kann, bevor nicht die erste Prämie bezahlt ist. Nach österreichischem Rechte gehört der Versicherungsvertrag zu den Konsensualverträgen; eine Form zum Abschlusse desselben ist nicht vorgeschrieben, also ist keineswegs notwendig, dass etwa eine Urkunde vom Versicherungsnehmer unterschrieben wurde, indem ja der Vertrag auch mündlich abgeschlossen werden kann.

Zur Vermeidung von Streitigkeiten ist jedoch, wie die Beratungsprotokolle zum allgemeinen bürgerlichen Gesetzbuch ergeben, der Abschluss eines schriftlichen Vertrages rätlich. In der alleinigen derzeit vorhandenen gesetzlichen Regelung des Vertrages, nämlich in den §§ 1288—1291 u. b. g. wird auf die Erklärung des Versicherer (Assekuradenrs) das Hauptgewicht gelegt.

„Wenn Jemand die Gefahr des Schadens, welcher einen anderen treffen könnte, auf sich nimmt, und ihm gegen einen gewissen Preis den bedungenen Ersatz zu leisten verspricht, so entsteht der Versicherungsvertrag. Der Versicherer haftet dabei für den zufälligen Schaden und der Versicherte für den versprochenen Preis.“ (§ 1288 a. b. g. B.)

Nach dem ausdrücklichen Wortlaute dieser positiven gesetzlichen Bestimmung kommt es also auf die Erklärung des Versicherers vor allem an.

Hat er die Erklärung abgegeben, dass er seiner Zeit eine Leistung effektuieren werde, dann ist er, von dem Momente, in welchem diese Erklärung in die Hände des Versicherungsnehmers gelangt, zur Zahlung verpflichtet. Hat jedoch der Versicherungsnehmer sich ausdrücklich den Versicherungsbedingungen unterworfen, und erscheint in denselben ausdrücklich festgesetzt, dass die Haftung des Versicherers erst nach Zahlung der ersten Prämie beginnt, dann ist kein Zweifel darüber, dass vor erfolgter Zahlung der ersten Prämie von einer Übernahme einer Gefahr seitens des Versicherers nicht die Rede sein kann.

---

§ 4.

Anfechtung der Gültigkeit des Versicherungs-Vertrages wegen erheblicher, unrichtiger Angaben des Versicherungsnehmers.

Jeder Versicherungsvertrag kann wegen erheblicher unrichtiger Angaben des Versicherungsnehmers und wegen der diesen gleichgestellten Verschweigungen innerhalb der drei ersten Jahre seines Bestandes angefochten werden.*) Wann liegt eine solche „erhebliche unrichtige Angabe“ vor? Ist ein Versicherungsvertrag, bei dessen Abschluss von Seite des Versicherungsnehmers eine falsche Angabe gemacht wurde, überhaupt als perfekt anzusehen? Kann man bei einem solchen, wenn auch schriftlich abgeschlossenen Versicherungsvertrage sagen, dass hier der Beginn einer Verpflichtung der Versicherungsgesellschaft zur Einhaltung

*) Dr. Armin Ehrenzweig (Die „Unanfechtbarkeit“ der Versicherungsverträge nach dem österreichischen allgemeinen bürgerlichen Gesetzbuche). Wien, 1890. [Assekuranzjahrbuch, IIIter Band.] Die Lebens-Versicherung nach österr. Recht von Dr. Rudolf Hauenschild. [Berlin 1901.] Der Versich.-Vertrag nach österr. Rechte von Dr. A. v. Onciul. [Wien 1896.]

desselben eingetreten war? Auch bei Beantwortung dieser Frage macht sich der Mangel einer positiven gesetzlichen Norm sehr fühlbar. Hier besitzen wir jedoch bereits eine grössere Anzahl von Entscheidungen der höchsten Gerichtshöfe, in welchen diese Frage, unter genauer juristischer Begründung, gelöst erscheint, und daher als Präjudizialentscheidungen eine grosse Erleichterung dem österreichischen Richter bei Fällung der Urteile gewähren. Im allgemeinen stimmen alle darin überein, dass eine mit „Dolus" („böser Absicht") gemachte Angabe den Versicherungsvertrag ungültig macht, sohin, in diesem Falle eine Verpflichtung der Versicherungsgesellschaft zur Leistung irgend eines Betrages **nicht** statuiert ist. „Dolus" liegt dann vor, wenn eine falsche Angabe vorsätzlich, also: mit Absicht, die Assekuranzgesellschaft zu hintergehen, gemacht wurde. Eine **objektiv** falsche Angabe ist nicht präjudizierend.*) Hier ist die Judikatur ziemlich konstant und gleichmässig, sowohl bei der Lebens- als bei der Feuerversicherung. Eine ausserordentlich schwierige Beweislast ist jedoch hier den Assekuranzgesellschaften auferlegt. Wird die Assekuranzgesellschaft auf Zahlung der Versicherungssumme geklagt, und wird von ihr eingewendet, dass der Versicherungsvertrag gar nicht perfekt wurde, weil „falsche Angaben" seitens des Versicherungsnehmers gemacht wurden, dann obliegt **ihr** der Beweis, dass die Angaben über den Gesundheitszustand „mit Falschheit und Hinterlist" gemacht wurden. Behauptet die Gesellschaft nach Abschluss eines Feuerversicherungsvertrages, dass das Recht des Versicherungsnehmers wegen falscher Angaben nicht entstanden ist, so kann diese Erlöschung des Rechtes des Versicherungsnehmers auf den Brandschadenersatz nur durch den Beweis, dass „vorsätzlich" falsche Angaben gemacht wurden, begründet werden. (E. des k. k. obersten Gerichtshofes vom 13. Jänner 1870, Z. 9368. Vgl. Stubenrauch a. a. O. Seite 533 vgl. auch „Der Lebens-

*) Entscheidung des k. k. obersten Gerichtshofes vom 23. Jänner 1862, Z. 4525, Gerichts-No. 4 ex 1863; Entscheidung vom 24. März 1878, Z. 1761. Gl.-Ung. 6889. — Der Lebensversicherungs-Vertrag. Falsche Angaben von Dr. Ph. Huppert. Mainz 1896.

versicherungsvertrag nach österreichischem Rechte" von Dr. Leo Derblich, Prag 1895. Verlag von Höfer & Kloucek.*) In einem Falle trifft die Versicherungsgesellschaft die Verpflichtung zur Zahlung der Versicherungssumme, auch wenn die Rubriken unrichtig ausgefüllt wurden. Hält nämlich der Versicherungsagent den Assekuranzwerber zur Unterzeichnung des noch nicht ausgefüllten Versicherungsvertrages an und benimmt er ihm so die Gelegenheit, sich von der Richtigkeit der Ausfüllung aller Rubriken zu überzeugen, so handelt er **pflichtwidrig**; es liegt eine Vernachlässigung seiner Amtsobliegenheiten vor und ist er für den dem Versicherungsnehmer etwa entstandenen Schaden verantwortlich.**)

Damit der Versicherungsvertrag als ein „rechtsgültig entstandener" anerkannt werde, dürfen den diesbezüglichen Willenserklärungen der Parteien die im § 869 a. b. G. B. festgesetzten Bedingungen der freien, ernsten, bestimmten und verständlichen Willenserklärung nicht fehlen. Wenn auch die Versicherungsgesellschaft bei der Prüfung des Versicherungsvertrages nachlässig war, und somit in diesem Zeitpunkte dieselbe von einem Verschulden nicht freigesprochen werden könnte, so tritt dessen ungeachtet, falls vertragmässig auf unwahre Angaben des Versicherten eine **Nullität** gesetzt war, dieselbe ein, wenn nachträglich hervorkommt, dass die gemachten Angaben unwahr waren.***) — In einigen Entscheidungen des k. k. obersten Gerichtshofes sind Grundsätze aufgestellt, welche mehr das Interesse, des Versicherungsnehmers hervorzuheben scheinen; daher die Kenntniss derselben für die Gesellschaften um so notwendiger ist, damit dieselben ihre Agenten diesbezüglich instruieren. So z. B. der in der E. d. O. G. H. vom 15. Jänner 1868, Z. 10836 [Gl.-Ung. Z. 2972], ausgesprochene Rechtssatz,

*) „Vom Leben und Sterben." Von Dr. van Shevichaven. Amsterdam. — Leipzig 1898.

**) Vgl. Entscheidung des k. k. obersten Gerichtshofes vom 7. November 1871, Zahl 6881, No. 4298. Glaser-Unger. — Dr. Leo Derblich: „Der Feuerversicherungsvertrag nach osterreichischem Rechte." Wien 1896.

***) E. des k. k. obersten Gerichtshofes vom 18. Juli 1889, Zahl 7960, Novak IV. 162; Stubenrauch a. a. O. Seite 532.

dass die Verheimlichung einer „**nicht** lebensgefährlichen Krankheit“ **kein** Grund zur Ungültigkeit des Lebensversicherungsvertrages ist, weiters der in der Entscheidung vom 28. März 1878, Zahl 1761, Gl.-Ung. 6889 ausgesprochene Rechtssatz, dass die „nicht dolose“ Angabe eines unrichtigen Alters den abgeschlossenen Vertrag nicht als ungültig erscheinen lässt. Es ist selbstverständlich, dass der Versicherungsnehmer bei Verfassung der Deklaration und dem Abschlusse eines Lebensversicherungsvertrages nicht gezwungen werden kann, alle Krankheiten, die er in seinem Leben durchgemacht hatte, dem Versicherungsagenten anzugeben, und so eine Generalbeichte über sein physisches Leben abzulegen. Würde jedoch der oberwähnte Rechtssatz, dass die Verschweigung einer „nicht lebensgefährlichen“ Krankheit den abgeschlossenen Versicherungsvertrag noch nicht ungültig mache, konsequent in allen Fällen durchgeführt, so könnte die konsequente Anwendung desselben der Versicherungsgesellschaft auch unverschuldeter Weise einen grossen Schaden verursachen. Denn der Begriff einer „lebensgefährlichen Krankheit“ ist ein vager. Ein Beispiel soll diese Behauptung näher begründen. Der Versicherungsnehmer A., welcher einen Versicherungsvertag abgeschlossen hat, stirbt nach zwei Jahren nach Abschluss des Lebensversicherungsvertrages an Tuberkulose. Die Versicherungsgesellschaft durchsieht die Deklaration, den Versicherungsvertrag etc. und findet keinen Anhaltspunkt, welcher auf den Beginn dieser Krankheit irgendwie einen Schluss begründen konnte. Im Laufe des Rechtsstrittes kommt hervor, dass der verstorbene Versicherungsnehmer tatsächlich an einem heftigen „Lungenkatarrh“, welcher von einem sachverständigen Arzte als „Lungenentzündung“ bezeichnet wurde, bereits früher erkrankt war. Während der eine Sachverständige die Krankheit als „Lungenentzündung“ bezeichnete, erklärten die anderen dieselbe als „Lungenkartarrh“. Ob ein Lungenkatarrh als eine „lebensgefährliche Krankheit“ zu bezeichnen ist, dies ist questio facti; jedenfalls dürfte wohl die Verurteilung der Versicherungsgesellschaft zur Leistung der Versicherungssumme, ungeachtet der Verschweigung dieser „nicht lebensgefährlichen Krankheit" möglicherweise eine Ungerechtigkeit involvieren. Auch im Falle der nicht dolosen Angabe eines unrichtigen Alters kann die Verurteilung der Versicherungsgesellschaft zur vollen Leistung der Versicherungssumme in einigen Fällen als nicht begründet erscheinen. Denn die Grundlage der Lebensversicherung beruht derzeit auf statistischen Ergebnissen, sowie auf mathematisch festgestellten Wahrscheinlichkeitsrechnungen. Das Alter des Versicherungsnehmers spielt bei dem Abschlusse des Versicherungsvertrages eine grosse Rolle, indem fast ausschliesslich sich nach diesem die Höhe der Prämie richtet. Die unrichtige Angabe des Alters kann die Vorschreibung einer viel geringeren Prämie zur Folge haben, und sohin die Versicherungsgesellschaft factisch einen Schaden durch Verschweigung des richtigen Alters, beziehungsweise durch Einzahlung der geringeren Prämie erleiden. Und dessen ungeachtet sollte der Versicherungsvertrag immer gültig sein? Wenn aus Billigkeitsrücksichten die Ungültigkeit eines derartigen Vertrages nicht ausgesprochen werden darf, bezw. nicht erkannt wird, dass in diesen beiden letzterwähnten Fällen der Versicherungsvertrag, in folge der unrichtigen Angaben des Versicherungsnehmers, gar nicht „perfekt wurde, sohin der Beginn der Haftung der Versicherungsgesellschaften nach österreichischem Rechte noch nicht eingetreten ist, so sollen jedenfalls die nur objektiv „unrichtigen Angaben" wenigstens irgend welche nachteilige Folgen für den Versicherungsnehmer, beziehungsweise deren Rechtsnachfolger nach sich ziehen, d. h. es muss in solchen Fällen in den Urteilen ausdrücklich hervorgehoben werden, dass zwar die Verpflichtung zur Zahlung der ganzen Versicherungssumme für die Versicherungsgesellschaft nicht eintritt, dieselbe jedoch lediglich zur Zahlung eines angemessenen „Fehlbetrages", obligiert sei.

§ 5.

Wann gilt ein Versicherungsantrag als angenommen?

Wenn zur Annahme des Antrages nicht in den Statuten der betreffenden Versicherungsgesellschaft eine bestimmte Frist bedungen erscheint, so muss ein mündliches Versprechen ohne Verzug angenommen werden. Bei dem „schriftlichen“ kommt es darauf an, ob beide Teile sich an demselben Orte befinden oder nicht. Im ersten Falle muss die Annahme in 24 Stunden, im zweiten Falle aber innerhalb jenes Zeitraumes, welcher zur zweimaligen Beantwortung nötig ist, erfolgen und dem versprechenden Teile bekannt gemacht werden, widrigenfalls ist das Versprechen erloschen; vor Ablauf des festgesetzten Zeitraumes kann das Versprechen nicht zurückgenommen werden. (§ 862, a. b. G. B.) — Auch trotz dieser klaren Bestimmung werden sich doch viele komplizierte Rechtsstritte nur aus dem Grunde ergeben, da keine positive gesetzliche Bestimmung vorhanden ist, wann der Versicherungsvertrag „als von der Versicherungsgesellschaft angenommen anzusehen sei“. Verstreicht die oben angeführte Frist und ist in den Statuten über die Verpflichtung, zur Abgabe einer Erklärung über den Versicherungsantrag eine Bestimmung nicht enthalten, so könnte der Versicherungsnehmer sich **nicht** für verpflichtet erachten, die Prämien einzuzahlen, beziehungsweise die übernommenen Pflichten zu erfüllen. Auch hier ist der Versicherungsgesellschaft eine ziemlich schwierige Beweislast auferlegt. Im Falle des Widerspruches, dass ein Versicherungsvertrag von der Versicherungsgesellschaft angenommen wurde, liegt der Beweis dieser Annahme, sowie, dass dieselbe rechtzeitig erfolgte, der Versicherungsgesellschaft ob. (§ 862, a. b. G. B. E. des k. k. obersten Gerichtshofes vom 14. Oktober 1890, Zahl 10294, „Gerichtszeitung“ No. 49 ex 1891). Allerdings wird es auch im Interesse des Versicherungsnehmers gelegen sein, dass er die Annahmeerklärung sobald als möglich erhalte, und wird er sich angelegen sein lassen, dieselbe auch faktisch recht bald zu erlangen. Doch können konkrete Verhältnisse obwalten, welche bewirken, dass es demselben daran liege, sobald als möglich von der übernommenen Verpflichtung los zu kommen; hier kann derselbe bewirken, dass infolge etwa verspäteter Annahmeerklärung seitens der Versicherungsgesellschaft der Urteilsspruch laute: „Der Vertrag sei nicht zu Stande gekommen.“ Aus dem Obangeführten erhellt, dass die Bestimmungen des allg. österreichischen bürgerlichen Gesetzbuches sich als ganz unzureichend erweisen, dass der österreichische Richter fast vor einer tabula rasa steht, und das Vorhandensein einer klaren gesetzlichen Bestimmung über die „Frage des Beginnes der Haftung einer Versicherungsgesellschaft nach österreichischem Rechte“ nicht bloss dem Richter eine Handhabe bieten, sondern auch die Rechtssicherheit der Versicherungsgesellschaften und der Versicherungsnehmer fördern wird.*) — In neuester Zeit wurde über diese Rechtsfrage „Beginn der Haftung der Versicherungsgesellschaften“ eine für die Versicherungsgesellschaften günstige Entscheidung gefällt; da dieselbe für die Organe der Versicherungsgesellschaften besonderes Interesse haben wird und dieser Fall typisch ist, führen wir hier die hauptsächlichsten Motive, welche die Richter bewogen haben, diese Entscheidung zu fällen, an.

---

§ 6.

Beginn der Haftung der Versicherungsgesellschaft.

[Praktischer Fall.]

[Vergl. Dr. Links: Die Rechtssprechung des k. k. obersten Gerichtshofes.]

X. stellt bei der Versicherungsgesellschaft G. einen Versicherungsantrag, welcher rechtzeitig bei der Versicherungsgesellschaft einlangt. Die Gesellschaft klagt

*) Vgl. Dr. Leo Derblich: Die Grundlagen des österreichischen Versicherungsrechtes. Prag 1895. Dr. Leo Derblich: Über die notwendigen Eigenschaften und Merkmale eines neuen österreichischen Versicherungsgesetzes. Wien 1894

die Prämie ein und der Versicherungsnehmer X. erhebt nachstehende Einwendungen:

1. dass er seinen Antrag vor erfolgter Annahme durch die Versicherungsgesellschaft widerrufen habe,
2. dass, nach Inhalt der auf dem Versicherungsantrage enthaltenen Bemerkung, die Police erst dann Gültigkeit erlangt, wenn nach Bezahlung der ersten Prämie die Police den Versicherungsnehmer übergeben wurde. — Für die letztere Einwendung sei auch von Belang, der Artikel 3, der „allgemeinen", auf dem Antrage und der Police indorso ersichtlichen „Versicherungsbedingungen", welcher nachstehenden Wortlaut hat:
   „Die Police ist mit dem Siegel der Gesellschaft ver-"
   „sehen, und nach den Vorschriften und Regulativen"
   „der Gesellschaft ausgefertigt. Sie verpflichtet die"
   „Gesellschaft erst dann, wenn nach Bezahlung der"
   „ersten Prämie samt Stempel und Gebühren die Police"
   „dem Versicherungsnehmer übergeben wurde,"
3. dass die Annahme des Antrages als nicht innerhalb der vereinbarten 45tägigen Annahm'sfrist erfolgt anzusehen sei, weil die Annahmserklärung nicht rechtzeitig dem Versicherungsnehmer zugestellt wurde. — Ist in einem solchen Falle der Versicherungsnehmer zur Zahlung der ersten Prämie verpflichtet? Diese Frage ist de lege lata zu bejahen. Wichtig ist vor allem zur Entkräftung der Einwendung 1 der Umstand, ob tatsächlich innerhalb der 45tägigen Frist die Versicherungs-Police von der Versicherungsgesellschaft ausgestellt und dem Versicherungsnehmer innerhalb dieser Frist präsentiert wurde. Ob der Versicherungsnehmer dieselbe innerhalb der Frist erhalten hat oder nicht, ist irrelevant. Hat derselbe die Police rechtzeitig erhalten, so sind die zwei anderen Einwendungen nicht mehr zu berücksichtigen. Hierdurch allein ist bereits ein rechtsgültiger Vertrag zustande gekommen: denn, durch die Einbringung des Antrages allein ist bereits der Versicherungsnehmer an denselben gebunden und darf innerhalb dieser Frist ihn nicht mehr widerrufen. Die Verabredung der

Zahlung einer Prämie, stellt sich zufolge wiederholt ausgesprochenen Ansicht des k. k. obersten Gerichtshofes, als eine zu Gunsten der Versicherungsgesellschaft stipulierte Nebenverabredung dar, durch welche sich die Versicherungsgesellschaft

a) einerseits des Risikos, jedenfalls, die Versicherungssumme zahlen zu müssen, ohne ihrerseits ein Entgelt empfangen zu haben, entledigen,

b) andererseits, aber dafür, dass sie, welche den eingegangenen Versicherungsvertrag in ihre Kalkulationen und Berechnungen einstellt und möglicherweise weitere Betriebsauslagen hat, durch nachträgliche Nichteinhaltung der Verträge aber einen Schaden erleidet, einen Ersatz hierfür in der jedenfalls zu zahlenden Jahresprämie schaffen will [§ 914 a. b. g. B.].

§ 7.

Der Begriff der „Versicherung" in der französischen Fachliteratur.

Ein für die Versicherungs-Wissenschaft sehr wichtiges Werk ist die von Georges Hammon, Professor des Versicherungs-Wesen's an der Handelsakademie und der technischen Hochschule in Paris herausgegebene „Allgemeine Geschichte des Versicherungswesens" und werden die Fachinteressenten auf das in Österreich ziemlich unbekannte Werk aufmerksam gemacht. Es ist nur zu bedauern, dass eine deutsche Übersetzung dieses Werkes noch nicht vorhanden ist. — Das Werk zerfällt in 7 Teile: „Die Natur des Versicherungswesens", „Die Geschichte der Lebensversicherung", „Die Geschichte der Unfallversicherung", „Die Geschichte der landwirtschaftlichen Versicherung", „Die allgemeine Geschichte der Versicherung", „Die Geschichte der Feuer-Versicherung", „Schlussfolgerungen." — (Die „Allgemeine Geschichte d. V." behandelt auch die Seeversicherung.) — Interessant sind besonders die verschiedenen Ansichten der hervorragendsten Fachmänner über das Wesen der Versicherung und ist das Werk jedem Assekuranz-Fachmann zu empfehlen. Wir lassen hier einige Ansichten der bedeutenderen französischen Publizisten über das Wesen der „Versicherung" folgen.

Diese Schriftsteller erklären, dass sie sich bildlicher Ausdrücke aus dem Familienleben bedienen, und bezeichnen die „Versicherung“ als die jüngere Schwester der „Genossenschaft“, deren „gemeinsame Mutter“, den Namen „Hilfeleistung“ führt. — „Versicherung“, — „Genossenschaft,“ „Hilfeleistung“ bilden, nach ihnen, eine „heilige Dreifaltigkeit“. In den ersten Abhandlungen des Werkes weist der Verfasser dem „Versicherungswesen,“ den wichtigen Platz, welchen dasselbe innerhalb aller Wissenschaften seiner Ansicht einnehmen soll, an.

Was ist das Ziel der Versicherung?

„Die Versicherung,“ sagt **Pouget**, „hat als Ziel den Versicherungsnehmer vor einem **Unheile zu schützen**. — „Ihre Grund-“ „lage beruht für den Versicherer auf einem System von Wahrschein-“ „lichkeiten, einem System, in welches die Gefahren von jedem Ver-“ „sicherten geführt werden.“ — „Diese Grundlage und die Gebühr, welche als Äquivalent des Schutzes vom Versicherten gezahlt wird, sollen, wie die Bruchteile eines Ganzen betrachtet werden“ und es fügt Oucnault in seiner Abhandlung über „Binnenversicherung“ hinzu: „Isoliert betrachtet, losgelöst von den anderen Verträgen ähnlicher Natur, mit welchen die Versicherung sich verbindet, zeigt dieselbe dem Geiste keine andere Idee, als die einer „Wette,“ wenigstens von seite des Versicherers und dennoch ist dieses **nicht** der Fall. Der Versicherer rechnet in Wirklichkeit, seine Operationen beruhen auf einem geistreichen Aufwande der Theorie der „Wahrscheinlichkeitsrechnungen“, gleichsam auf mehr oder minder Wahrscheinlichkeitsfällen eines bestimmten Ereignisses. Gewürdigt von diesem Standpunkte scheidet der Versicherungsvertrag aus der Klasse der „Spekulationsspiele“ und erhebt sich zum Range von Verträgen, welche das Civilrecht wegen des in ihnen ruhenden Sittlichkeitprinzipes und der Nützlichkeit der Wirkungen als „vollkommene Verträge“ anerkennt.

Über das **Ziel der Versicherung** sei es gestattet 2 Fundamentalgrundsätze, welche an der Spitze älterer Werke verzeichnet sind, zu citieren:

1. „Aus dem Fundamentalgrundsatze,“ dass die Versicherung keine Wette ist, folgt „die **Konsequenz**, dass der Versicherungsvertrag **nicht** zu Recht besteht, wenn der Versicherungsnehmer kein Interesse an dem Eigentume, beziehungsweise der Erhaltung des den Gefahren ausgesetzten Objektes hat“.

2. „Die Versicherung darf niemals für den Versicherungsnehmer ein Mittel, einen **Gewinn** oder Vorteil durch dieselbe zu erhalten, bilden; dieser Vertrag ist bloss ein „Schadenersatz-Vertrag“. — „Die Versicherung wird jetzt in vielen Abhandlungen betreffend“ „die soziale Frage behandelt; sie ist eine der Materien, mit denen“

„sich dieselbe beschäftigen muss.“ (Discours de rentrée 1845) (General-Advokat Glanderz). „Die Lebensversicherung, diese beste Wieder-“ „herstellungs-Institution bildet dir die Sicherheit einer Zukunft,“ „welche nicht von dir abhängt.“ [Blanche, General-Adjunkt im obersten Gerichtshofe.]

Nebst dem General-Advokaten Glanderz, hat auch der General Advokat Sarrut, dessen grosses Redner-Talent bekannt ist, eine sehr bemerkenswerte Abhandlung über die „Versicherung“ und die „berufsmässigen Gefahren“ verfasst.

„Es mussten immer 40 Jahre verfliessen, bis die Familienväter“ „von Frankreich es begriffen, dass es gut und weise sei, sich zu“ „Gunsten ihrer Kinder zu versichern.“

„Die Lebensversicherung:“ „Eine ausgezeichnete Institution, bei“ „welcher die Algebra die Grundlage bildet und die Moral die Spitze“ „bietet.“ Alfred de Courcy.

„Die Idee einer Lebensversicherung ist nur bei gebildeten Naturen zu finden.“ Bergeron.

„Die Versicherungsgesellschaften sind ausgezeichnete Sparkassen.“ Reboul.

„Das Ganze ist in der ‚Versicherung‘ gelegen, die Versicherung“ „beruht auf dem Ganzen.“ Bellier.

„Denke daran, Dich gegen Schicksalsschläge zu schützen und blicke in der Gegenwart bereits auf die Tage der Zukunft.“ Boileau.

„Ich möchte die ‚Ökonomie‘, die 2te Vorsehung des menschlichen Geschlechtes benennen. — Die ‚Versicherung‘ bewirkt, dass der Lebensunterhalt selbst eines Armen nicht aufgezehrt werde. — Hilf' dem Armen nicht durch Gesetze, aber durch die ganze Macht des Beispiel's, dass er einen sehr kleinen Teil seiner Arbeit entferne, um ihn für die zukünftige Zeit zu erhalten und dadurch allein werden sich die menschlichen Hilfsquellen verdoppeln.“ Mirabeau.

„Die Idee der Versicherung liegt im Grunde aller politischen und religiösen Institutionen.“ E. von Girardin.

„Die Lebensversicherung ist das nützlichste und wirksamste Hilfsmittel der Arbeit und Ersparnis; ‚obgleich noch jung, denkt sie an das Alter,‘ diese ist das Mittel, durch welches die Zeit des Lebens gut verwendet wird.“ Ovide.

„Die Gesetzmässigkeit der Binnenversicherung entzieht sich heutzutage bereits jeder Erörterung.“ L. Pouget.

„Die Versicherung ist ohne Widerspruch, denjenigen Institutionen der „Vorsicht“ zuzuzählen, welche die energischeste Hilfe dem Eigentume, dem Handel und der Industrie gewähren.“ Emil Aguel.

„Kuriose Regelwidrigkeit! Man versichert Häuser, Möbel, Seeschiffe und Waren; und das Familienoberhaupt vernachlässigt es, sich sein Leben zu versichern, welches doch gewiss das kostbarste und bedrohteste Gut ist.“ Benjamin Franklin.

„Die allgemeine Politik, welche ich begreife, ist eine allgemeine Versicherung.“ „E. de Girardin.“

„Wenn die Natur ‚Vorsehung‘ genannt wird, so soll die ‚Versicherung‘ Vorsorge heissen.“ Victor Hugo.

„Jedes menschliche Wesen ist durch die Versicherung den Sorgen entrissen, welchen dasselbe unterworfen ist und welche es unter den Rang eines Menschen erniedrigen.“ Brisson.

„Die Lebensversicherung kann, ohne ein Universalhilfsmittel zu sein, den Menschen grosse Dienste leisten. — Sie bildet Kapitalien für diejenigen, welche sie nicht besitzen. Sie ist das nützlichste, das wirksamste und harmloseste Mittel der Arbeit und der Ersparnis.“
Edmund About.

„Es gibt in England keinen Arbeiter, welcher nicht im stande wäre, ohne sein Dorf zu verlassen, die Sicherung seines Alters nach den Tagen der Arbeit, oder die Sicherung der Stellung seiner Familie zu bewirken.“ Cochin.

„Die Versicherung folgt ebenso der Notwendigkeit der Lage wie der einsichtsvollen Überlegung.“ Friedrich Bastiat.

„Das der Lebensversicherung eigentümliche Moment besteht darin, alle diejenigen zu entschädigen, welche die Nachteile überleben, die ein früher Tod sie erfahren lässt.“
Alfred Courcy.

„Die Lebensversicherung verwandelt das Wissen und die Tätigkeit in ein klingendes Kapital, in ein wirkliches Erbteil, welches sich unfehlbar überliefern lässt und welches in einem bestimmten Zeitpunkte, in Geld umgesetzt wird. — Es wäre nicht leicht, derartige ähnliche Institutionen einzuführen, welche dem Geiste der Ordnung und dem allseitigen Fortschritte grössere Dienste leisten.“
Michael Chevalier.

„Die Lebensversicherung ist der beste Schutzbrief für die Familie. — Blind ist derjenige, welcher die Wohltaten derselben verkennt; Egoist oder unverständig, welcher dieselben verschmähet.“
L. Bergeron.

„Es ist eine Pflicht der Eltern, sich mit der Zukunft ihrer Kinder zu beschäftigen.“ Gousset.

„Die Lebensversicherung begründet ein Kapital durch Veräusserung des Einkommen’s oder ein Einkommen, durch Veräusserung von Kapitalien.“ Bonnet.

„Es ist die Folge der Vorsicht, dass man im Leben öfters dort dem Unglücke entgeht, wo die anderen durch Unverstand hineinfallen.“ Mme. de Lévigné.

„Der Leichtsinn, welcher die grössere Anzahl der Menschen, ihren ganzen Gewinn verprassen lässt, ohne Sorge, für den nächsten Tag, ist die hauptsächlichste Ursache, welche dieselben in einer prekären Lage belässt und sie hindert sich zu erheben.“

Le Play.

In diesem Sinne, mit ähnlichen Gefühlen und starkem Glauben an die Bedeutung des Versicherungswesens haben weitere Schriftsteller, wie von Kertanguy, Achard, Doimoy, Léon Marie, Bailly, Lalande, Reboul und andere den Charakter der Versicherung gezeichnet. — „Es war der Notstand, welcher die Versicherung geschaffen und es war die Dankbarkeit für die geleisteten Dienste, welche die Verteidigungsschriften des Versicherungswesens hervorrief. „In der Tat, ein Jeder, in welch' Lage immer er sich befindet, hat ein Interesse sich vor Unheil zu schützen.“ —

---

§ 8.

Geschichtlicher Rückblick.

Die Anfänge der Organisation der Versicherungsgesellschaften lassen sich bis in's Altertum zurückführen. Bereits im römischen Rechte finden wir Sozietäten, welche eine Art Seeversicherung der bedeutenderen Schiffsinhaber bildeten [*pactum nauticum*]. Das Seeversicherungswesen erscheint somit als der älteste Zweig der Versicherung und in seiner weiteren Entwickelung gewann das Prinzip der „festen Prämie“ immer mehr Boden. Im Mittelalter tauchen die ältesten bekannten Spuren wirklicher Versicherung und zwar in Island im zwölften Jahrhundert auf. Dort vereinigten sich regelmässig Gruppen der steuerfähigsten Bürger zur gemeinschaftlichen Tragung von Verlusten, die einzelne von ihnen durch Brandschäden oder durch Viehseuchen erlitten. Die älteste vorhandene Seeassekuranzordnung ist die von Barcelona aus dem Jahre 1435. Noch zu Anfang des 19ten Jahrhundertes war jede **Transport**versicherung nur Seeversicherung; den Gedanken der geschäftlichen Feuerversicherung hat der deutsche Publizist Georg Obrecht in zwei seiner in den Jahren 1609 und 1610 erschienenen Schriften zuerst in voller Klarheit ausgesprochen. Während des dreissigjährigen Krieges scheinen in den preussischen Weichselniederlassungen die ersten Feuerversicherungsverbände entstanden zu sein. Ebenso bildeten sich in Norddeutschland und in Holland „Feuer-Assekuranzkompagnieen" heraus; es traten „gildenartige" Formationen, welche auf Gegenseitigkeit beruhten, auf. In den Jahren 1677 und 1685 bestanden bereits in Harburg und Magdeburg solche organisierte Anstalten. Diese Versicherungsinstitute hatten jedoch mehr den Charakter von Wohltätigkeitsanstalten, bestanden in Begräbniskassen und Unterstützungsvereinen; letztere hatten den Ersatz von Schäden durch Elementarereignisse zum Gegenstand [vgl. Lemcke, K. d. Vers.wesens]. Das Seeversicherungswesen erlangte, insbesondere in Portugal, in den Niederlanden und in Italien, im Laufe des fünfzehnten und sechszehnten Jahrhunderts grosse Bedeutung. Im achtzehnten Jahrhundert entstanden in England, Frankreich, sowie in den Niederlanden Gesellschaften, welche sich allmählich als „Aktiengesellschaften" konstituierten. So wurde im Jahre 1720 in London die noch heute existierende „Royal Exchange Company" gegründet; überhaupt hatte die Entwickelung des Aktienwesen's einen bedeutenden Einfluss auf die Versicherungsgesellschaften, welche insbesondere in dieser Form grosse Erfolge erzielten. Im Jahre 1696 entstand in London die erste **Immobilar**-Feuerversicherungsanstalt. Eine weite Verbreitung erlangte der neuestens zur Blüte gelangte Zweig der Unfallversicherung. Welche enorme Verbreitung die Lebensversicherung in neuerer Zeit gefunden, erhellt aus dem Umstande, dass [vgl. Lemcke, Oscar: Das Versicherungswesen, Berlin 1888] die österreichisch-ungarischen Lebens- und Rentenversicherungsgesellschaften bereits im Jahre **1885** ein Gesamtrisiko von $601^3/_4$ Millionen Gulden aufwiesen. Nebst der „Unfall- und Lebensversicherung" sind im Laufe des neunzehnten Jahrhundertes vorerst in Frankreich „lokale Unterstützungsvereine zur Pflege der Hagel- und Viehversicherung" entstanden [1819 „Assurances Generales"], denen sich Gesellschaften zum Zwecke der Pflege der Kredit- und Rückversicherung anschlossen [Hamburg 1875, Leipzig 1872].

---

§ 9.

Begriff und Bedeutung der Versicherung.

Die Versicherung besteht in der Übernahme einer Gefahr. Zwei Momente sind es, die für den Begriff der Versicherung unerlässlich sind: nämlich 1.) ungewisse und zufällige Ereignisse, deren Folgen von wirtschaftlich nachteiliger Bedeutung sind, und dann 2.) die Absicht und Möglichkeit, die wirtschaftlich nachteiligen Wirkungen dieser Ereignisse auszugleichen. Es bildeten sich allmählich verschiedene Versicherungsbetriebsformen heraus [vgl. Lemcke a. a. O.]. Sehr viel wurde die Erwerbsbetriebsform durch das Aktienwesen gefördert, welches allmählich auf dem Gebiete des Versicherungswesens rasch Eingang gefunden hat. Bei der Versicherung durch Erwerbsgesellschaften stehen sich Versicherer und Versicherte lediglich wie Kaufleute und Kunden gegenüber. Die letzteren haben keinen Anteil am Geschäftsgewinn und Verlust der ersteren; sie haben am Betriebe keinerlei Anteil. Wenn hier und da Aktiengesellschaften ihren Aktionären einen Anteil am Geschäftsgewinne gewähren, was bei dem ausgedehnten Betriebe leicht möglich ist, so ist dieser Umstand ein Mittel, um den Wettbetrieb, resp. die Konkurrenz mit der „Versicherung auf Gegenseitigkeit", welche den Versicherten allen Überschuss zukommen lässt, um so leichter zu bestehen. Die Versicherung ist vom volkswirtschaftlichen Standpunkte zu denjenigen Institutionen zu zählen, deren Aufgabe es ist, zur Förderung der Besitzerhaltung beizutragen: insbesondere die Lebens- und Altersversicherung gehört zu den erspriesslichsten Hilfsmitteln der Einzelwirtschaft [vgl. Lemcke a. a. O.].

Einteilung der Versicherungsgesellschaften.

Die **Versicherungsgesellschaften** werden — 1.) nach dem Zwecke, welchen sie verfolgen, eingeteilt in: a) „wechselseitige oder gegenseitige", bei welchen die Absicht der Versicherer lediglich darauf gerichtet ist, sich gegen einen eventuell drohenden Schaden zu schützen; b) in „Versicherungs-Aktiengesellschaften", bei welchen neben dieser Absicht auch die Erlangung eines Erwerbes, behufs Verteilung des Gewinnes an die Aktionäre vorhanden ist. 2.) Nach dem Gegenstande der Versicherung teilt man dieselbe ein in a) „Personen-" und in b) „Sachversicherung". In neuester Zeit wurde auch die „Kreditversicherung" in die Reihe der Assekuranzgeschäfte aufgenommen, welche den Schutz gegen Verluste bei Handelsgeschäften und die Kontrolle des Einganges fälliger Forderungen bezweckt; doch hat diese bis heute keine grössere Erfolge aufzuweisen. Weiters unterscheidet man nach dem Objekte der **Gefahr** derzeit die „Personen"- und die „Güter-Versicherung"; 3.) nach der Bestimmungsart der **Leistung**: a) die „Summen"- und die „Schaden-Versicherung"; 4.) nach dem Gegenstande der Leistung a) die „Kapital"- und b) die „Rentenversicherung"; 5.) nach Eigenschaft des Versicherers: a) die „Unternehmer"- und b) die „wechselseitige Versicherung"; 6.) nach der Lage des gefährdeten Objektes a) die „See"- und b) die „Binnenversicherung"; 7.) nach dem Zwecke a) die „direkte" und b) die „Rückversicherung" [vgl. Lemcke a. a. O.].

Die sog. „kleinen wechselseitigen" Versicherungsvereine sind jene, welche mehr einen humanitären Charakter haben und welche die Versicherung von „Kranken- und Begräbnisgeldern", von „Invaliditäts- und Altersrenten", „Witwen- und Waisenunterstützungen", Versicherung einer bestimmten Summe Geldes, von seiten eines Mitgliedes zu Gunsten eines Dritten [insbesondere, als Heiratsgut oder Ausstattung eines Kindes], weiter gegen Feuerschäden sowie gegen Viehschäden zum Ziele haben. Diese Vereine sind meistens auf lokaler oder berufsgenossenschaftlicher Grundlage eingerichtet. Bei solchen Vereinigungen konnte früher von der Forderung eines „Gründungsfondes“ ganz abgesehen werden, wenn durch andere Einrichtungen genügende Sicherheit vorhanden war. Die Verwaltung dieser Vereine war früher bezüglich der Vermögensanlage eine viel beschränktere; auch denselben ist derzeit gestattet, ihr Vermögen nur in **pupilarsicheren** Wertpapieren, in pupilarsicheren Hypotheken, in inländischen Sparkassen und auf inländischen zinstragenden Realitäten, wenn sie nicht über ein Drittel des Ankaufswertes belastet werden, zu elocieren; es ist sohin derzeit diesen Vereinen eine anderweitere Elocierung, insoweit sie den grösseren Versicherungsgesellschaften gestattet wurde, verboten. Auch haben sie ganz bestimmte Formen bei Erstattung des Rechenschaftsberichtes zu beachten; insbesondere sind die „Kranken- und Begräbnisversicherungsvereine“ verpflichtet, wenn für die Begräbnisgelderversicherung eine besondere Verteilungsart nicht bestimmt ist, einen Reservefonds in der Höhe der zweifachen durchschnittlichen Jahresangabe der letzten fünf Rechnungsjahre anzusammeln [§ 47.]. Jedenfalls ist, wenn ein solcher Verein mehrere Versicherungszweige betreibt, derselbe verpflichtet, für jeden dieser Zweige, und wenn er ausserhalb der V. auch andere Zwecke verfolgt, auch rücksichtlich der letztern eine getrennte Vermögensgebarung und Verrechnung auszuführen [§ 50 des Reg.]. In allerneuester Zeit sind strengere Normen bezüglich der Überwachung dieser Gesellschaften erflossen. —

---

§. 10.

Reformbestrebungen auf dem Gebiete des Versicherungswesens.

Die grossen und verheerenden Feuersbrünste, die alljährlich das flache Land heimsuchten, und durch welche oft ganze Ortschaften eingeäschert wurden, reiften die Idee heran, die Feuerversicherung hinsichtlich des ländlichen

Besitzes **obligatorisch** auszugestalten, weil die gemachten Erfahrungen nachweisen, dass in Österreich nur ein geringer Teil der ländlichen Realitäten gegen Feuer versichert ist. Im österreichischen Abgeordnetenhause wurden daher bereits diesbezügliche Anträge wiederholt gestellt, und hat auch die Regierung zu diesen Anträgen bereits wiederholt Stellung genommen. Eine weiter nicht minder wichtige soziale Frage, — [die Versorgung der Privatbeamten] — beschäftigt nunmehr die österreichische Regierung seit langem, indem bereits im Jahre 1896 zu diesem Zwecke das Ministerium des Innern genaue statistische Erhebungen über den Stand der Privatbeamten veranlasste. Allein schon bei Einleitung dieser Vorerhebungen ergaben sich mannigfaltige Schwierigkeiten; denn, wie dies aus den Fragebögen, die unter den Arbeitgebern zirkulierten, zu entnehmen war, versuchte das Ministerium den Begriff „Privatbeamte“ möglichst abzugrenzen. Unstreitig gehören zu den „**Privat**beamten“ alle jene Personen, die mit „Jahres“- oder „Monatsgehalt“ in einem Privatdienstverhältnisse stehen, mit Ausnahme der gewerblichen Hilfsarbeiter, der Taglöhner und Dienstboten: insbesondere daher auch die nicht im Genusse des Pensionsrechtes stehenden Gemeindebeamten, namentlich auch die Gemeindesekretäre, ferner die dermal noch nicht pensionsberechtigten Landesbeamten, die Beamten der Bezirksvertretungen. Um das statistische Material prüfen zu können, hat das Ministerium des Innern, wie erwähnt, eine Zählung aller dieser Beamtenkategorieen nach Stellung, Einkommen, Stabilität der Diensteverhältnisse etc. vorgenommen. Schon die Sammlung der statistischen Zählkarten ergab grosse Schwierigkeiten, weil viele Betriebsunternehmer deren Ausfüllung verweigerten, und zwar aus Furcht, sie könnten bei wahrheitsgetreuer Beantwortung der Fragen mit den Steuerbehörden wegen unrichtiger Steuerfatierung in Kollision kommen. — Wie erinnerlich, musste seinerzeit sogar ein besonderer Ministerialerlass veröffentlicht werden, welcher ausdrücklich erklärte, dass die Zählkarten zu keinem anderen, als dem beabsichtigten statistischen Zwecke zur Verwendung gelangen, worauf nach vieler Mühe ungefähr

100000 Zählkarten zusammengebracht wurden. — Das so gewonnene statistische Material wurde nun vollständig aufgearbeitet [vgl. Derblich: „Das Versicherungswesen“ im österreichischen Rechtslexikon]. Man sah dieser Veröffentlichung mit um so lebhafterem Interesse entgegen, als auf Grund dieser statistischen Tabellen zum erstenmale der Unterschied in der Entlohnung der fix angestellten Beamten und der Privatbeamten auf Grund authentischer Ziffern wird festgestellt werden können. Nicht minder schwierig ist aber die Frage, in welcher Art und Weise die Organisation einer solchen Versicherung zu erfolgen hat. Hierbei kann allerdings nicht unerwähnt bleiben, dass bereits in einzelnen Kronländern behufs Alters- und Invalidenversorgung der Privatbeamten und ihrer Witwen und Waisen solche Anfänge mit Erfolg versucht wurden, so z. B. wäre zu erwähnen, dass der böhmische Landtag aus Anlass des 40jährigen Regierungsjubiläums Sr. Maj. des Kaisers einen „Landesjubiläumsfond“ ins Leben rief, welcher den Zweck der Altersversorgung der Privatbediensteten verfolgt; ebenso hat auch die böhmische Sparkasse in Prag ein ähnliches Institut gegründet. Ob und wann es gelingen wird, zu erwirken, dass der diesbezügliche Gesetzentwurf betreffend „die Versicherung der Privatbeamten“ Gesetzeskraft erlange, lässt sich allerdings nicht voraussehen.

Statistik.

Welch' enorme Verbreitung die **Feuer**versicherung bereits derzeit erlangt hat, kann man aus nachstehenden Daten ersehen: In Österreich bestanden bereits im Jahre 1893 8 Landesanstalten, 22 gegenseitige Versicherungsanstalten und 13 inländische Aktiengesellschaften. — Die Versicherungssummen betrugen im Jahre 1893: Gebäude 2781107000 Gulden, Mobilien 709581000 Gulden; [vgl. Die Versicherungsgesellschaften in Österreich-Ungarn von B. Jiranyi], bei den wechselseitigen Anstalten 2996667000 Gulden. Schon Ende 1891 bestanden zufolge der „Statistischen Monatschrift“ 302 Versicherungsvereine in Österreich; im Jahre 1893 entstanden 3 neue. Der Versicherungsbestand der österreichisch-ungarischen Hagelversicherungsgesellschaften betrug im Jahre 1893 in Kronen: a) Aktiengesellschaften 492361724, b) gegenseitige Gesellschaften 89775344, Summa 582137068; bei den Rückversicherungsanstalten betrugen die Prämieneinnahmen im Jahre 1893 allein 22797244 Kronen [vgl. Ehrenzweig, Assekuranz-Jahrbuch, 16. Jahrgang, Wien 1891] [vgl. auch die neuesten Mitteilungen, herausgegeben vom Ministerium des Innern].

I. Das österreichische öffentliche Assekuranzrecht.

§. 11.

Das österreichische Assekuranzverwaltungsrecht.

Das „Versicherungs-Verwaltungsrecht“ ist ein Teil des öffentlichen Rechtes, da die Geltendmachung desselben der Willkür der einzelnen entzogen und wegen der im Staate begriffenen Gesamtheit notwendig ist.*) Diese Vorschriften bezwecken hauptsächlich den Schutz und die **Sicherung** von Einrichtungen zum Zwecke der öffentlichen Ordnung. Sie sind sowohl im Interesse der Versicherer, als der Versicherungsnehmer erflossen.

Während bei anderen volkswirtschaftlichen Zweigen als eines der wesentlichsten Hindernisse, welche der Ausbreitung derselben im Wege standen, auch der Mangel eines diesbezüglichen Gesetzes bezeichnet wird, so z. B. bei dem Scheckwesen**), bildete der Mangel eines „Versicherungsgesetzes“ kein Hindernis der Entwickelung des Assekuranzwesens. Denn dasselbe hat, trotzdem es

*) Vgl. Grolefend a. a. O. Seite 36.

**) Dr. Ignaz Funk, Direktor-Stellvertreter des Wiener Girovereines: „Die rechtliche Natur des Schecks“; v. Ender „Der österreichische Wechselstempel“; Dr. Franz Mittermaier „Die Bankanweisung (Scheck) und das französische Gesetz vom 14. Juni 1865“.

von der Gesetzgebung sehr stiefmütterlich behandelt wurde, eine geradezu ungeahnte Verbreitung erhalten. Eine eingehende Überwachung der Versicherungsgesellschaften ist unbedingt notwendig; denn die oberste Voraussetzung des Versicherungswesens ist das Vertrauen in die Versicherer. Der Versicherungsnehmer, sowie jeder Inhaber einer Versicherungspolice, muss darauf rechnen können, dass, wenn nur alle sonstigen Voraussetzungen vorhanden sind, [regelmässige Einzahlung der Police etc.] die Versicherungssumme im festgesetzten Zeitpunkte zur Gänze ausgezahlt werden wird. Aber auch die Versicherer müssen eine genaue Norm besitzen, inwieweit das staatliche Aufsichtsrecht reicht, und müssen über die ihnen diesbezüglich obliegenden Verpflichtungen genau unterrichtet sein. Daher ist eine einzige klare Vorschrift, welche übersichtlich das gesamte „Versicherungs-Verwaltungsrecht“ enthalten würde, im Interesse der Versicherer erwünscht. Die Leistung, welche der Versicherer bei dem Abschluss des Vertrages verspricht, besteht in der bedingten Zahlung einer Geldsumme. Es kann von einer rechtlichen Verpflichtung zur Anlage einer Prämienreserve an und für sich nicht die Rede sein. Doch waren die Versicherungsgesellschaften hierzu bereits nach dem Assekuranz-Regulativ vom Jahre 1880 zu einer solchen verpflichtet.

Die Ingerenz der Staatsverwaltung, betreffend die Versicherungsgesellschaften, ist eine doppelte. Sie betrifft: 1.) die Feststellungen der Bedingungen zur Zulassung der Versicherungsgesellschaften; 2.) die staatliche Überwachung des **Betriebes** der Assekuranzgesellschaften.

---

§ 12.

Quellen des österreichischen Assekuranz-Verwaltungsrechtes.

[Die Konzessionierung der Assekuranzgesellschaften.]

Die Quellen, des auf die Konzessionierung der

Versicherungsgesellschaften Bezug habenden Rechtes sind folgende:

I. Die §§ 1. bis 28. des Reichsgesetzes vom 26ten August 1880. Z. XXXVIII [Assekuranzregulativ].

II. Die Bestimmungen der Art. 207. bis 249. des Handelsgesetzes vom 17. Dezember 1862 [R. G. Bl. No. 1 ex 1863].

III. Die Bestimmungen des Vereinsgesetzes vom 26. November 1852 [R. G. Bl. No. 253, insbesondere § 9].

IV. Das Gesetz vom 12. April 1873 Z. 42, in betreff der Zulassung von ausländischen Versicherungsgesellschaften zum Geschäftsbetriebe in dem im Reichsrate vertretenen Königreichen und Ländern.

V. Die Kundmachung des Ministerium's des Innern vom 14. Februar 1877 [R. G. Bl. vom 22. Februar 1877 V Stück No. 13], betreffend die gegenseitige Zulassung von Versicherungsgesellschaften jeder Art zum Geschäftsbetriebe in Österreich und **Italien.**

VI. Das Gesetz vom 27. Juni 1878. R. G. Bl. vom 28. Juni 1878 XXXIV Stück No. 36, wodurch das Ministerium der im Reichsrate vertretenen Königreiche und Länder zum Abschlusse einer Vereinbarung wegen Durchführung der Bestimmungen des Artikels XX des Zoll- und Handelsbündnisses mit dem Ministerium, der Länder der ungarischen Krone ermächtigt wird und in welchem die Berechtigung der in einen der beiden Ländergebiete gesetzmässig errichteten Aktiengesellschaften, Versicherungsgesellschaften, ihre Wirksamkeit auf das andere Ländergebiet auszudehnen und Zweigniederlassungen zu errichten, festgestellt wird.

VII. Der Erlass des Ministerium's des Innern vom 19. Mai 1880. Z. 7080, betreffend die Zulassung einer ungarischen Versicherungsgesellschaft in den im Reichsrate vertretenen Ländern.

VIII. Der Handelsvertrag mit Deutschland vom 23. Mai 1881 [R. G. Bl. vom 30. Juni 1881. Z. 64] wegen Zulassung der deutschen „Aktien- und Versicherungsgesellschaften".

IX. **Das neue Assekuranzregulative vom Jahre 1896.** In allen diesen Gesetzen wird bestimmt, dass jede Versicherungsgesellschaft, welche in den im Reichsrate vertretenen Königreichen und Ländern den Betrieb von Versicherungsgeschäften beginnen will, vorher hierzu die staatliche Genehmigung erwirken muss. Nach dem dermaligen Stande der Gesetzgebung muss daher bezüglich der Zulassung der Assekuranzgesellschaften unterschieden werden, ob es sich um die Zulassung, beziehungsweise, die Errichtung einer inländischen oder einer ausländischen Gesellschaft, weiter, ob es sich um eine „Aktien- oder eine Gegenseitigkeits-Gesellschaft" handelt, schliesslich, welchen Versicherungszweig sie betreiben will, da andere Bedingungen betreffend den Betrieb der Lebensversicherung, andere bezüglich der Sachversicherung vorgeschrieben sind.

Die wichtigsten Punkte dieses Regulatives wurden bereits früher im § 1 behandelt.

In Deutschland gab*) die Grundlage des „Versicherungs-Verwaltungsrechtes", das an die Bundesregierungen gerichtete Schreiben des Reichskanzler's über die „Regelung des Versicherungswesen's de dato Berlin den 4. August 1879 [publiziert in N. Z. 237 des deutschen Reichskanzlers vom Jahre 1879**)]. In diesem wurden die Gesichtspunkte, von welchen das „öffentliche Versicherungsrecht" geleitet sein soll, angedeutet und sind hauptsächlich 7 Punkte hervorgehoben: 1. die Vorschriften betreffend die Zulassung neu errichteter Gesellschaften; 2. betreffend den Geschäftsbetrieb im Versicherungswesen und insbesondere die Vermögensverwaltung;

*) Zur Organisation der Handelsgerichte. — Gerichtshalle No. 94, 8. Jahrgang.

**) Der ganze Wortlaut ist auch in der Zeitschrift für die gesamte Staatswissenschaft, herausgegeben von Prof. Dr. Wagner in Berlin-Tübingen 1881, 37. Jahrgang, erstes Heft, abgedruckt.

3. die „Überversicherung" in den Geschäften der „Feuerversicherung; 4. der Einfluss der Versicherten auf die Geschäftsführung; 5. die Rechnungsregelung der Assekuranzgesellschaften und ihrer Agenten; 7. die Verhältnisse der durch Landesgesetze für die Versicherung gegen Feuerschäden gegründeten Anstalten.

Vergleichen wir **dieses** Rundschreiben mit dem österreichischen Assekuranzregulative vom Jahre 1880, so finden wir, dass in dieser Norm, mit Ausnahme der zwei letzten Punkte, sämtliche obangeführten Gesichtspunkte beachtet wurden, und dass dieses Assekuranzregulativ ähnliche Vorschriften, in Bezug auf die Zulassung und staatliche Überwachung enthielt, wie sie das Rundschreiben für Deutschland in Anregung bringen wollte. Es ist nicht Gegenstand dieses Werkes, hier die Vorteile und Nachteile einer **staatlichen** Versicherungsanstalt, insbesondere diejenigen, welche etwa mit der Einführung eines Versicherungszwanges verbunden wären, auseinanderzusetzen, wir wollen aber doch nur wenige Worte hierüber anführen. Wir besitzen hierüber schon eine ganze Literatur. Es ist insbesondere als Fürsprecher einer staatlichen Versicherungsanstalt, der Nationalökonom Professor Adolf Wagner in Berlin zu nennen.*) **Er war es,** der als Prinzip den Satz aufstellte: „Die Versicherung ist ihrer Natur nach kein Geschäft, welches der freie Verkehr übernehmen und ausführen soll. Sie ist eine ‚öffentliche Einrichtung' und **muss** als solche behandelt werden." Weiters ist Eminghaus, Direktor der Gothaer Lebensversicherungsbank, als hauptsächlicher **Gegner** der Verstaatlichung des Versicherungswesens hervorzuheben.**)

Dass viele Missstände bei manchen Privatversicherungsanstalten vorhanden sind, welche bei einer „öffentlichen Versicherungsanstalt" vielleicht vermieden würden [teuere

---

*) Vgl. „Der Staat und das Versicherungswesen", prinzipielle Erörterungen über die Frage der gemeinwirtschaftlichen oder privatwirtschaftlichen Organisation dieses wirtschaftlichen Gebietes im allgemeinen. In der Zeitschrift für die gesamte Staatswissenschaft. Tübingen 1881.

**) „Der Zustand und Fortschritt der deutschen Lebensversicherungsanstalten."

Verwaltung, der Hauptzweck des Erwerbes, das Suchen der Erzielung eines ordentlichen Gewinnes für die Aktionäre etc. etc.] lässt sich nicht ableugnen und dennoch wird mit Recht nur in verhältnismässig wenigen Zweigen des Versicherungswesens der Versuch, eine „Staatsversicherungsanstalt" ins Leben zu rufen, gemacht. Öffentliche Feuerversicherungsanstalten bestehen bereits in der Schweiz, Norwegen, Dänemark und auch in Deutschland [insbesondere in Bayern eine „staatliche Hagelversicherungsanstalt"], aber gerade in den noch volkswirtschaftlich entwickelteren Ländern, z. B. in England, Amerika ist dies bis zum heutigen Tage noch nicht der Fall.

In England gab es bis zum Jahre 1870 gar keine besondere Staatsaufsicht über das Versicherungswesen. In den Jahren 1870 bis 1872 wurden dort nachstehende besondere Vorschriften erlassen: 1. Der Lebensversicherungs-Akt vom 9ten August 1870 betreffend „die Lebensversicherungs-Gesellschaften". 2. Das Gesetz vom 24. Juli 1871 und vom 6. August 1872; in demselben wurden lediglich einige formelle Sicherheitsmassregeln zu Gunsten der Versicherungsnehmer getroffen und die Mitwirkung der Staatsgewalt auf die Forderung der **vollsten** Publizität beschränkt.*) In den Vereinigten Staaten besteht ein „Assekuranzverwaltungsrecht" bloss rücksichtlich der Lebensversicherungsgesellschaften. Es wurde ein „Anmelde"- und ein „Registrierungszwang" eingeführt; die jährlichen Ausweise müssen nach bestimmten, vorgeschriebenen Formularien verfasst, die Prämienreserven nach bestimmten Rechnungsgrundlagen berechnet werden.**)

---

*) A. Emminghaus, „Das Versicherungswesen" im Handbuch der Staatswissenschaften, herausgegeben Elster Lexis.

**) Emminghaus a. a. O. S. 462.

§ 13.

Vorschriften über die staatliche Beaufsichtigung des Betriebes der Versicherungsanstalten.

Die Vorschriften, betreffend die staatliche Beaufsichtigung des Betriebes der Versicherungsgesellschaften sind folgende:

1. Die §§. 24. bis 34. der Verordnung der Ministerien des Inner'n, der Justiz, des Handels und Finanz am 18. August 1880, R.G.B. vom 26. August 1880, 28. Stück Nr. 110 (Assekuranz-Regulativ). Diesem Gesetze waren auch die Formularien für den Rechnungsabschluss von Versicherungsanstalten und zwar a) für **reine** Lebensversicherungsanstalten; b) für gemischte Versicherungsanstalten angeschlossen.

2. Erlass des Ministeriums des Innern vom 10. Dezember 1882, Z. 15294., betreffend die Vorlage von Rechnungsabschlüssen seitens der Partikular- oder Lokalvereine [Bauern-Assekuranzen].

3. Der Erlass des Ministeriums des Innern vom 18. Januar 1883, Z. 18214, betreffend die staatliche Überwachung der Kapitalsanlagen und die Darstellung der Gebarungsergebnisse dieser Vereine.

4. Erlass des Ministeriums des Innern vom 26. März 1885, Z. 4614, betreffend die **Überwachung** der Vorlage der Gebarungsausweise der zum hierländischen Betriebe zugelassenen ausländischen Versicherungsgesellschaften.*)

5. Erlass des Ministeriums des Innern vom 20. Jänner 1886, Z. 129, betreffend die Überwachung der „lokalen Versicherungsvereine" zur Versicherung gegen Elementarschäden und Viehverlust, mit welchem besondere Formulare für den Spezialausweis der Vermögensbestände dieser Vereine herausgegeben wurden.

6. Erlass des Ministeriums des Innern vom 7. Juni 1885, Z. 11584, in welchem Direktiven an die Staatsbehörden, bezüglich der Neubildung von „Versicherungsvereinen", weiters rücksichtlich der Statuten derselben erteilt wurden,

---

*) Vgl. Dr. Leo Derblich „Begriff, Umfang und Quellen des osterreichischen Versicherungsrechtes". Wien 1893.

und in welchem eine genaue, strikte juristische Definition eines „Versicherungsvereines" enthalten war.

Weiters besitzen wir, wie bereits früher erwähnt, in den verschiedenen Normaliensammlungen der k. k. Statthaltereien und Landesregierungen Bestimmungen, welche die staatliche Überwachung der Versicherungsgesellschaften regeln.*)

Überblicken wir diese Normen, betreffend die staatliche Überwachung der Versicherungsgesellschaften, so werden wir zunächst finden, dass schon in denselben bezüglich der Konzessionierung, insbesondere dieser Grundsatz, nämlich „die Sicherheit der steten Erfüllbarkeit der von den Versicherungsanstalten übernommenen Verpflichtungen und die Wahrung der Interessen der Versicherten" gleichmässig zur Ausführung kam. Schwierig gestaltete sich die Organisation der staatlichen Überwachung des Geschäftsbetriebes dieser Gesellschaften. Zu diesem Behufe wurde bereits, in Gemässheit des §. 34 des Gesetzes vom 26. August 1880, 28. Stück No. 110., das versicherungstechnische Bureau im Ministerium des Innern in Wien vergrössert.

Würde es sich nicht empfehlen, diese Organisation dieses Bureaus derart zu vervollständigen, dass demselben in allen Provinzhauptstädten untergeordnete Organe beigegeben werden, welche gleichsam als „erste Instanz" lediglich mit der unmittelbaren Bewachung des Versicherungswesens der Provinzen betraut, dem Ministerium zur Seite stehen sollen? Diese Organisation kann dadurch erreicht werden, dass [ähnlich wie bei der Institution der Gewerbeinspektoren in den einzelnen Provinzen] „Landesinspektoren" aufgestellt werden. Diesen, dem versicherungstechnischen Departement in Wien unterzuordnenden, bei den einzelnen Landesregierungen aufzustellenden Organen müsste die Leitung eines mit der Landesregierung zu verbindenden eigenen versicherungstechnischen Departements zukommen. Der hauptsächliche Wirkungskreis dieser Organe würde vorerst in der Erfüllung der dem vor-

*) Dr. Leo Derblich „Vorschriften über das Assekuranzwesen". Prag, Mercy 1885.

sicherungstechnischen Departement, rücksichtlich aller in den im Reichsrate vertretenen Königreiche und Länder bestehenden Versicherungsgesellschaften, insbesondere in den §§. 24 bis 34 des Reichsgesetzes vom 26. August 1880, 28. Stück No. 110 vorgeschriebenen Verpflichtungen bestehen; vorzüglich daher: in der Prüfung der „Prämienreserven", der „Rechnungsabschlüsse", der Rechenschaftsberichte der in den einzelnen Ländern bestehenden Assekuranzgesellschaften und der Filialen. Überdies hätte denselben auch die regelmässige periodische Berichterstattung über die Geschäftsgebarung der einzelnen in den Provinzen errichteten Versicherungsgesellschaften obzuliegen.

Man könnte vielleicht dagegen einwenden, dass hierdurch eine allzugrosse Kontrolle der Geschäftsgebarung, welche auf den Geschäftsbetrieb hemmend einwirken könnte, geschaffen würde. Doch wäre gleichzeitig dieser zu schaffenden Institution die Verpflichtung aufzuerlegen, gleichmässig auch die **Interessen** der Versicherungsgesellschaften zu wahren. Es wäre jedem einzelnen Landesregierungsdepartement als „Beirat", ein aus den vertrauenswürdigsten Fachleuten bestehendes Komité, [welches als ein „Ehrenamt" aus den hervorragendsten Vertretern der Versicherungsbeamten gebildet würde] an die Seite zu stellen. Hier wären einzelne von den Versicherern oder von den Versicherten vorgebrachte Beschwerden gewissenhaft und unparteiisch zu prüfen, hierüber wären bereits hier Beratungen zu pflegen, die entsprechenden Massregeln zur Einstellung vorgekommener Missbräuche zu treffen, bzw. die Notwendigkeit neuer Normen bei der höchsten Versicherungsinstanz zu beantragen. Ein solcher Beirat würde unbedingt eine Stütze der Regierungsorgane bei Ausübung der sehr schwierigen staatlichen Überwachung bilden, weiters würde schon dadurch das Vertrauen der Versicherten und Versicherer erhöht werden! Wird ja von Fachschriftstellern als ein Einwand gegen die „**öffentliche** Überwachung" der Versicherer geltend gemacht, dass wegen dieser Überwachung, der Versicherungsnehmer weniger sorgfältig vor Eingehung des einzelnen Versicherungsvertrages die Geschäftsgebarung der Assekuranzgesellschaften einer Prüfung unterziehe, und ist es ja faktisch dem Versicherungsnehmer unmöglich, das Vorhandensein einer genügenden „Prämienreserve“, welche die Erfüllung der Verpflichtungen des Versicherers sichern würde, selbst zu prüfen!! — Es kann keineswegs den Überwachungsorganen die Verpflichtung auferlegt werden, die Rechte der Einzelnen an der Bildung und Haltung der Prämienreserve insofern zu wahren, als denselben die Entscheidung dieser Streitigkeiten zwischen den Versicherten und Versicherern obliegen soll, und dürfen dieselben nicht so weit auf das Innere des Geschäftsbetriebes Einfluss nehmen, um etwa diese Streitigkeiten selbst zu schlichten.*) Ein Zweig des Versicherungswesens, d. i. die „Lebensversicherung“, wird von vielen Fachschriftstellern mit einem zweiten Institute, welches von volkswirtschaftlicher Bedeutung ist und namtlich in den letzten Jahrzehnten eine ausserordentliche Entwickelung erfahren hat, d. i. mit dem „Sparkassenwesen“, verglichen. Wenn wir auch diese Anschauung vom rechtlichen Standpunkte nicht teilen können, so müssen wir zugestehen, dass im Lebensversicherungsvertrage viele Merkmale vorhanden sind, welche diesen Vertrag als dem „Sparkassenvertrage“ ähnlich erscheinen lassen.

Die Normen, betreffend die Bildung, Errichtung und Überwachung der „Sparkassen“ sind im österreichischen Sparkassaregulative, das in Österreich infolge Allerhöchster Entschliessung vom 2. September 1844 [Dekret der vereinigten Hofkanzlei vom 26. September 1844, Z. 29304] publiziert wurde, enthalten. Dieses Regulative und das im Nachhange zu demselben erlassene Musterstatut haben sich in der Praxis glänzend bewährt, und so manche hier enthaltene Bestimmung könnte bei der weiteren Reform „des öffentlichen Versicherungsrechtes“ verwendet werden.

---

*) Diese Anschauung erscheint auch in dem Erlasse des Ministeriums des Innern vom 22. Oktober 1882, Z. 47563 und in der Entscheidung des obersten Gerichtshofes vom 2. Jänner 1883, Z. 2569 ausgedrückt. Vgl. auch „Prämienreserve und Policerückkauf“. Ein Beitrag zur Revision der Lehre von der „Lebensversicherung“, in welchem die in den oben erwähnten Ministerialerlässen und der Entscheidung des obersten Gerichtshofes enthaltenen Rechtsanschauungen bekämpft wurden.

Wir finden tatsächlich, dass einige Bestimmungen des „Assekuranzregulatives“ sich in dem oberwähnten Sparkassa-Regulative vorfanden.

Eine sehr reichhaltige Gesetzgebung auf dem Gebiete der „Staatsaufsicht über die privaten Versicherungsunternehmungen“ finden wir in der Schweiz. Hier beruht die Organisation der Staatsaufsicht in dem Bundesgesetze vom 25. Juni 1885; weiters wurden Verordnungen „über Kautionen der Versicherungsgesellschaften“ (vom 12. Oktober 1886), über die von den Versicherungsgesellschaften zu bezahlenden Staatsgebühren [vom 29. Oktober 1886], über „Konzessions-Bedingungen“, ferner ein Bundesbeschluss, betreffend die „Zusammenstellung der in Versicherungsstreitsachen in der Schweiz ergehenden Civilurteile“ erlassen.*) Das eidgenössische Versicherungsamt lässt jedes Jahr genaue Berichte erscheinen, in welchem statistische Tabellen über den Geschäftsbetrieb der in der Schweiz zugelassenen Versicherungsunternehmen enthalten sind. Auch die Einführung dieser Einrichtung in anderen Staaten ist empfehlenswert [wird seit 3 Jahren jetzt vom K. K. Minist. d. Innern veranlasst]. Das Vertrauen in die einzelnen Anstalten wird geweckt durch die Publizierung der Vermögensgebarung derselben seitens der staatlichen Organe. Ein besonders wichtiger Punkt in der staatlichen Überwachung der Versicherungsgesellschaft ist der, dass die sogenannten „allgemeinen Versicherungs-Bedingungen“ der Genehmigung der staatlichen Ober-Aufsichtsbehörde unterworfen sind. Es muss daher schon im voraus darauf Bedacht genommen werden, dass nicht etwa die Wirksamkeit der abzuschliessenden Versicherungsverträge durch unklare Ausdrücke in Frage gestellt werde. In dieser Beziehung müssen daher die sogenannten „allgemeinen Versicherungsbedingungen“ zeitweise neu redigiert werden. Erfahrungsgemäss kommt es vor, dass in den allermeisten Fällen, diese sogenannten „Versicherungsbedingungen“ nämlich: die einzelnen Stipulationen des Versicherungsvertrages, [welche gewöhnlich

---

*) Vgl. Dr. jur. Oskar v. Waldkirch: Die Staatsaufsicht über die privaten Versicherungs-Unternehmungen in der Schweiz. Zürich. Füssli 1892 Seite 18.

indorso der Vertragsurkunde (der „Police") abgedruckt sind] von den Versicherungsnehmern gar nicht gelesen werden. Es herrscht ein gewisses Vertrauen der Versicherungsnehmer vor und dieses muss immer mehr dadurch geschützt werden, dass jeder nur irgendwie unklare Ausdruck, welcher sich in den Versicherungsbedingungen befindet, auf das peinlichste vermieden werde. Wie viele Hunderte von Rechtsstritten würden gar nicht entstehen, wenn die Versicherungsnehmer genau die einzelnen Punkte dieser „Bedingungen" vorher studieren und sich der Tragweite derselben bewusst wären? **Nachträglich** wird oft den Versicherungs-Gesellschaften der Vorwurf gemacht, dass diese Stipulationen hart sind und dass, [eine sehr häufige Einrede gegen die Klagen der Versicherungsgesellschaften, bei Eintreibung von fälligen Prämien], falls man dieselben genau gekannt hätte, ein derartiger Vertrag mit solchen Stipulationen niemals abgeschlossen worden wäre. Während bei anderen Verträgen z. B. den Kaufverträgen jeder Kontrahend genau die einzelnen Punkte des abzuschliessenden Vertrages prüft und sich wohl bewusst ist, welche Verpflichtungen er bei Unterfertigung des Vertrages übernimmt, ist dies gerade bei dem Assekuranzvertrage fast nie der Fall. Diese ausserordentliche Klarheit der „Versicherungsbedingungen" ist in Österreich um so wichtiger, als ja hier noch kein Versicherungsgesetz welches die zwischen den Versicherungsgesellschaften und Versicherungsnehmern bestehenden Rechtsverhältnisse regeln würde, vorhanden ist.*) Infolgedessen muss jeder Rechtsfall, lediglich nach dem bestehenden Rechte, d. i. den **8**, auf den Versicherungsvertrag bezughabenden Paragraphen des allgemeinen bürgerlichen Gesetzbuches vom Jahre 1811 [§ 1288 und die folgenden] **im Zusammenhange mit den Versicherungsbedingungen** und den Statuten der Versicherungsgesellschaft beurteilt werden. Die Statuten der Versicherungsgesellschaft sind dem Versicherungsnehmer jedoch in der Regel eine *terra incognita;* allerdings ist in den „allgemeinen Versicherungsbedingungen" auch ein auf

---

*) Vgl. Dr. Leo Derblich „Über die notwendigen Merkmale und Eigenschaften eines neuen Assekuranzgesetzes." [Wien 1894].

den Abschluss der Versicherungsverträge bezughabender **Teil** der Statuten enthalten. Doch sollten nach diesen „Versicherungsbedingungen" die einzugehenden Rechtsverhältnisse derart ausnahmslos beurteilt werden können, dass eine weitere Rücksichtnahme auf einzelne Paragraphen der Statuten [welche in den Versicherungsbedingungen nicht enthalten sind] gar nicht vorkommen dürfte.

---

§ 14.

Die Gebührenpflicht der Versicherungsgesellschaften.

Die Normen über die den Bewohnern Österreichs, sowie den juristischen Personen obliegende Gebührenpflicht sind ausserordentlich zahlreich, und bilden die diesbezüglichen Gesetze samt den Nachtragsverordnungen bereits einen stattlichen Band. Besonders fruchtbar war die Gesetzgebung in den 1850er und 1860er Jahren. Dann trat eine Stagnation ein, und wurde erst in neuester Zeit die Gebührenpflicht der rechtsverbindlichen Handlungen im Inlande, auf Grundlage, von in das Inland eingebrachten ausländischen Aktien, weiters, betreffend die Zulassung ausländischer Aktiengesellschaften, die Notierung der ausländischen Aktiengesellschaften, reformiert.

Belangend die Gebührenpflicht der Versicherungsgesellschaften, so war diesbezüglich das Erscheinen eines besonderen Gesetzes bereits längst in Aussicht gestellt. Leider ist der diesbezügliche Gesetzentwurf lediglich noch ein „Entwurf", und deshalb sind die Finanzorgane noch immer darauf angewiesen, sich mit den wenigen Einzelnbestimmungen, welche die Gebührenpflicht der Assekuranzgesellschaften regeln, bei Beurteilung der fraglichen Verpflichtungen zur Abgabenentrichtung zu begnügen. Bedauernswert ist insbesondere auch, dass die juristische Literatur, speziell auf dem Gebiete des österreichischen Finanzrechts, in welcher die bereits gefällten Entscheidungen verarbeitet würden, eine sehr geringe ist; bei Vorhandensein einer reichhaltigen Literatur würden so manche, derzeit kontroverse Rechtsfragen geklärt und die diesbezüglichen Rechtsanschauungen geläutert werden.

---

§ 15.

Die Gebührenpflicht der „Versicherungsverträge".

Die Versicherungsverträge werden gerade so, wie vom allg. bürgerl. Gesetzbuche, [§§ 1288—1291 des kais. Patentes vom 1. Juni 1811 No. 496] auch vom Gebührengesetze als **„Glücksverträge"** aufgefasst, und werden als „Verträge, wodurch die Hoffnung eines noch ungewissen Vorteiles versprochen und angenommen wird", einer Gebühr unterzogen [Tar. P. 57 lit. F. des Tarifes zum kais. Pat. vom 9. Februar 1850 No. 50 R. G. B.]. Wir werden an anderer Stelle die Frage behandeln, ob der Versicherungsvertrag als **„Glücksvertrag"** aufzufassen ist. Dennoch muss auch, wegen einer allfälligen Reform der die Vergebührung des Versicherungsvertrages betreffenden Bestimmungen auch hier die Frage gestreift werden, ob es nach den derzeit allgemein herrschenden Theorieen noch angemessen erscheint, den Versicherungsvertrag, auch vom gebührenrechtlichen Standpunkte unter die „Glücksverträge" einzureihen. Jedenfalls wird auf die verschiedenen Arten und Zweige der Versicherung Bedacht genommen werden müssen. Insbesondere wird zwischen der „Lebens"- und „Schadensversicherung" ein Unterschied gemacht werden müssen. Die „Lebensversicherung" besteht im **Sammeln** der ersparten Summen und in deren Ausfolgung in einem bestimmten oder nicht bestimmten Zeitpunkte und wird deshalb der „Lebensversicherungsvertrag" als ein „Sparversicherungsvertrag" angesehen; bei der Schadenversicherung bildet das **Risiko** das die Basis bildende Moment. [vgl. Dr. Hugo Beck, ehemaliger Rechtsanwalt, jetzt Curialrichter in Pest: „Das ungarische Versicherungsgesetz“ im Assekuranzjahrbuch von A. Ehrenzweig, Jahrgang 1885].

Die rechtliche Natur des „Lebensversicherungsvertrages“ wurde theoretisch bereits so oft behandelt, dass wir eine ganze Bibliothek darüber besitzen. Wir können **sechs** verschiedene Theorieen unterscheiden, [vgl. Hermann Dietrich, „Die rechtliche Stellung der Gläubiger eines überschuldeten Nachlasses zur Todesfallversicherung des Erblassers“, Leipzig 1893] von denen die älteste die Lebensversicherung der „Schadensversicherung“, eine neuere [Thöl, Laband] die Lebensversicherung dem „Darlehen“ gleichstellt.

Es herrscht in der Doktrin über die rechtliche Natur dieses Vertrages ein so lebhafter Streit, dass Konrad Malss, einer der gründlichsten Kenner des Versicherungsrechtes, in seinem Gutachten für den XVIten deutschen Juristentag [1882] die Frage stellte, ob das Institut der „Lebensversicherung“ im Hinblicke auf „noch so wenig geklärte Ansichten“ zur Kodifikation überhaupt reif sei. [vgl. Der Lebensversicherungsvertrag als „reiner Sparkassenvertrag“ in der Österreichischen Revue.]

Bei einer Reform der gebührenrechtlichen Bestimmungen, betreffend das Versicherungswesen, werden jedoch diese Theorieen keineswegs umgangen werden können und wird insbesondere zu erwägen sein, ob nicht besondere gebührenrechtliche Vorschriften, bezüglich des „**Sach**versicherungsvertrages“ und andere, bezüglich des „Lebensversicherungsvertrages“ zu erlassen sein werden. De lege ferenda wäre es empfehlenswert, rücksichtlich des letzteren Vertrages die dermaligen Normen **gänzlich** zu **beseitigen**, und zu beschliessen, dass rücksichtlich des „Lebensversicherungsvertrages“ statt der „Skalagebühr“ eine „Prozentualgebühr“ eingeführt werde, welche für die Lebensversicherungen mit geringeren Summen ausserordentlich klein sein sollte, bei höheren Beträgen jedoch progressiv aufsteigen müsste. Bekanntlich wurde in dem Gesetze vom 13. Dezember 1862 No. 89 R. G. B. für einige Arten der Glücksverträge [„Hoffnungskauf“ und „Leibrentenverträge“] die Entrichtung einer „unmittelbaren

Prozentualgebühr“ eingeführt; [bei „Leibrentenverträgen“, wenn unbewegliche Sachen überlassen werden, vom Rechtsgeschäfte, vom Werte der Sache $3^1/_2{}^0/_0$] sollte für die „Lebensversicherungsverträge“ und „Leibrenten“ beispielsweise bis 20000—30000 fl. eine ausserordentlich kleine Prozentualgebühr eingeführt werden, so würde auch diese Massregel zur Verbreitung dieses ausserordentlich segensreichen Institutes gewiss nur beitragen. Der Ausfall der Gebühr wäre durch Einführung von um so höheren Gebühren bei „Lebensversicherungsverträgen“, welche eine sehr hohe Summe zum Gegenstande haben, zu decken. Wenn auch die Skalagebühren nicht zu hoch sind, so verteuern sie immerhin die „Versicherungsprämie“, zumal überdies die Gebühr nicht nur für den Abschluss des „Versicherungsvertrages“, sondern auch für die „Empfangsbestätigung“ bezahlt wird.

---

§ 16.

Die Rechtsquellen, betreffend die Gebührenpflicht der Versicherungsgesellschaften.

Die hauptsächlichsten gesetzlichen Bestimmungen, welche bei der Gebührenpflicht der Versicherungsgesellschaften in Betracht kommen, sind:

1. Das kais. Patent vom 9. Februar 1850, No. 50, N. P. B. [vgl. Dr. Leo Derblich, „Vorschriften über das Assekuranzwesen,“ Prag, Mercy, 1887].

2. Das **Gesetz** vom 13. Dezember 1862, Z. 89 R. G. B. und zwar: die Tarifpost 37 E., F. und G. und Tarifpost 106.

3. Die Verordnung des k. k. Finanzministerium's vom 20. Dezember 1862, Z. 102 R. G. B., womit in Vollziehung des Gesetzes vom 13. Dezember 1862 einige Änderungen der im Gesetze vom 9. Februar und 2. August 1850 enthaltenen Bestimmungen erlassen wurden. Insbesondere wurde in dieser Verordnung festgesetzt, dass die in der kais. Verordnung vom 17. Mai 1859, Z. 89 R. G. B.,

enthaltene Bestimmung, in betreff des Zeitpunktes, nach welchem zu beurteilen ist, bei welchem Rechtsgeschäfte der „ausserordentliche Zuschlag" zu den Gebühren in Anwendung zu kommen habe, auch, bezüglich des, durch das Gesetz vom 13. Dezember 1862 auf **25** Prozent erhöhten Zuschlages zur Richtschnur zu nehmen ist [vgl. § 2 betreffend die Assekuranzgesellschaften].

4. Das Gesetz vom 29. Februar 1864, Z. 20 R. G. B., betreffend einige Änderungen der Gesetze vom 9. Februar und 2. August 1850 [Z. 50 und 329 R. G. B.] und vom 13. Dezember 1862 [Z. 89 R. G. B. über Stempel und unmittelbare Gebühren], insbesondere § 9, betreffend den Gebrauch der **Briefform** bei der Verfassung des Versicherungsvertrages.

5. Der Erlass des k. k. Finanzministeriums vom 10. März 1864, Z. 29 R. G. B., über die Anwendung des Gesetzes vom 13. Dezember 1862, bezüglich des Gebührenäquivalentes, auf „Aktien" und andere „Erwerbsgesellschaften".

6. Die Verordnung des k. k. Finanzministerium's vom 28. April 1866, Z. 18840, „über die Bemessung und Entrichtung der Gebühr von den Versicherungsverträgen" [welche Vorschrift jedoch nicht im Reichsgesetzblatte publiziert wurde].

7. Das Gesetz vom 15ten April 1883, Z. 51 R. G. B., in welchem ausdrücklich bestimmt wurde, dass die auf dem Prinzipe der Wechselseitigkeit beruhenden Vereine und genossenschaftlichen Vereinigungen, welche sich die Versicherung von Krankengeldern, Invaliditäts- und Alterspensionen zur Aufgabe machen, von der Erwerb- und Einkommensteuer befreit sind und in welchem bezüglich der Gebührenpflicht Begünstigungen eingeführt wurden.

8. Das Gesetz vom 18ten September 1892, Z. 171 R. G. B., betreffend die Entrichtung der Stempelgebühren von „ausländischen Aktien", insbesondere § 5, betreffend „ausländische Aktien- und Kommanditgesellschaften", welche zum Geschäftsbetriebe im Inlande zugelassen werden. [vgl. Dr. Leo Derblich, „Begriff, Umfang und Quellen des österreichischen Versicherungsrechtes," Wien 1894.]

§ 17.

Die Grundsätze der Gebührenentrichtung.

Das Wesen des Versicherungsvertrages besteht in der „Übernahme einer Ersatzleistung" an den Versicherten, welche bereits früher verabredet wird, gegen Zahlung eines bestimmten Betrages (Prämie) für einen eventuell erwachsenden Schaden. — Dieser Schaden muss jedoch durch Eintritt des bestimmt bezeichneten Ereignisses **ohne Verschulden** des Versicherten entstanden sein. [§. 1288 a. b. G. B.; **E.** des k. k. Verw.-G.-Hof. vom 21. Februar 1891, Z. 712, No. 5765, Budw., XV. Bd.]. Insbesondere erscheint es für das Wesen des Versicherungsvertrages irrelevant, auf welche Weise der Schadenersatz geleistet wird, ob etwa der Schadenersatz in der Versetzung in den vorigen Stand besteht. [§. 1323 a, b G. B.]

Es wird daher die Abgabe an den Staat einerseits als „Geschäftsvermögensübertragung", welche durch Zahlung der Prämie an den Versicherer erfolgt, andererseits, welche durch Zahlung der fällig gewordenen Entschädigungssumme an den Versicherten erfolgt, in Form einer Gebühr geleistet.

Die Grundsätze der Gebührenentrichtung bei Versicherungsanstalten sind:

1. Dass die betreffende Gebühr eine „Staatsgebühr" ist und 2. dass dieselbe für jede **einzelne** Post besonders zu berechnen und unmittelbar zu entrichten ist. — **Ausnahmen sind:**

a) bei den „wechselseitigen" Versicherungsanstalten;

b) bei „Frachtversicherungsgeschäften".

Denn sowohl bei den wechselseitigen Versicherungsanstalten, als auch bei den Frachtversicherungsgeschäften ist es gestattet, die Gebühr nach der **Gesamtsumme aller Prämien** zu entrichten [vgl. Entsch. des k. k. Verw.gerichtshofes vom 3ten Jänner 1883, Z. 2584, Budwinski, No. 1613]. Die Versicherungsanstalten haben nach Abschluss eines **jeden** Versicherungsvertrages eine doppelte Gebühr zu entrichten:

1. die Policengebühr;
2. die „Empfangsbestätigungsgebühr“.

Die letztere muss auch dann entrichtet werden, wenn keine besondere Empfangsbestätigung ausgestellt wurde. — [E. d. Verw.-G.-Hof. vom 27. April 1880, Z. 786, Budw., No. 758].

Bedingungen für die Gebührenpflicht der im Auslande ausgestellten Urkunden, beziehungsweise der dortselbst abgeschlossenen Rechtsgeschäfte.

Bei der Beurteilung der Tatfrage, ob die ausländischen Versicherungsgeschäfte einer inländischen Versicherungsgesellschaft, als im Auslande oder als im Inlande abgeschlossen, zu betrachten sind, kommt es auf das Rechtsverhältnis der Gesellschaft und der Versicherten zu dem diese Geschäfte im Auslande vermittelnden Agenten an. — Die von dem Versicherungsvertrage entfallende Gebühr ist auch dann zu entrichten, wenn die bezügliche Rechtsurkunde gar nicht ausgestellt wurde [§ 5 des Gesetzes vom 13. Dezember 1862, Z. 89 R. G. B.].

Durch die in diesem citierten § 5 ausgesprochene Aufhebung der Beschränkung des §. 1. A. 3. des Gebührengesetzes ist zugleich die Urkundengebühr in eine „Gebühr vom Rechtsgeschäfte“ umgewandelt; es sind die betreffenden Rechtsgeschäfte aus der Bestimmung des citierten § 1 A 3 ausgeschieden und auf sie jene Normen anwendbar erklärt worden, welche für die unter § 1 A 1 fallenden Geschäfte gelten. Sofern es sich um im Auslande abgeschlossene Geschäfte dieser Art handelt, folgt daraus nur, dass der Eintritt der Gebührenpflicht nicht nach § 23, sondern nach § 44 des Gesetzes vom 9. Februar 1850 zu beurteilen ist, welcher besonders solche Rechtsgeschäfte im Auge hat, bei denen die Gebührenpflicht von der Ausstellung einer Rechtsurkunde über dieses Geschäft ganz unabhängig ist.

Nach dieser Bestimmung wird für die Gebührenpflicht der ausserhalb des gebührenpflichtigen Inlandes geschlossenen Geschäfte, welche in denselben wirksam sein sollen, die Einbringung der Rechtsurkunde in das gebührenpflichtige Inland gefordert. Diese Versicherungsverträge unterliegen daher hierlands der Gebührenpflicht, falls die Rechtsurkunden in das Inland eingebracht wurden [vgl. E. d. k. k. Verw.-G. vom 1. Dezember 1885, Z. 3149 Budw. No. 2798]. Bei dem Versicherungsverhältnisse übernimmt der „Verein" als Versicherer im civilrechtlichen Sinne ein Risiko für den Fall einer vorzeitigen Auflösung des eingegangenen Rechtsverhältnisses; bei den sog. „gesellschaftlichen Versicherungsanstalten" wird ausserdem nach Ablauf der vereinbarten Frist vom bedungenen Kapitale den Mitgliedern keine Teilnahme am Gewinne der Unternehmung zugesichert. Ein Verein, welcher sich als „gesellschaftliche Versicherungsanstalt" darstellt, ist nach Tarifpost 57 E. des Gesetzes vom 13. Dezember 1862 zu vergebühren, da das Gebührengesetz durch Einreihung der „gesellschaftlichen Versicherungsanstalten" unter die Tarifpost 57 die Norm getroffen hat, dass die aus den gesellschaftlichen Versicherungsanstalten sich ergebenden Rechtsverhältnisse in Absicht auf die Gebührenpflicht, gleich den „Glücksverträgen" zu behandeln sind.

„Gesellschaftliche Versicherungsanstalten" sind auch **civilrechtlich** unter die Glücksverträge gereiht [§ 1269 a. b. G. B.; vgl. E. d. k. k. V.-G.-H. vom 8. Nov. 1892, Z. 3331 Budw. XVI. Jahrg.].

---

§. 18.

Die Fristen bei der Gebührenentrichtung.

Bei den Versicherungsverträgen unterliegen der Gebühr nach Skala II. und nach dem Preise, gegen den die Versicherung stattfindet, nicht nur die Policen, sondern alle wiederkehrenden, wegen der Versicherung bedungenen Leistungen an die Versicherungsanstalten, ferner alle **Schadenvergütungen** etc. und haben die gedachten Anstalten diese Gebühren 1. **monatlich**, 2. nach hinein, 3. unmittelbar zu entrichten [vgl. E. vom 27. April 1880, Z. 786, Budw. 758].

Im Falle eine Prämie, bei Auszahlung des fälligen Betrages seitens der Versicherungsgesellschaft bei Eintritt des versicherten Ereignisses noch rückständig ist, wird diese Prämienschuld in Abzug gebracht. Diese Prämienergänzung ist aber eine wegen der Versicherung **bedungene** Leistung und stellt sich als „Empfangspost" der Anstalt dar. Da jede Leistung an die Versicherungsgesellschaft gebührenpflichtig ist [Tarifpost 57 f. des Gesetzes vom 13. Dezember 1862, R.G.B. No. 89], so wird die Gebühr nach Skala II. von den Finanzorganen bemessen und wird eine gegenseitige Kompensierung der Forderungen der Versicherungsgesellschaft und der Gegenforderung des Versicherten **nicht** berücksichtigt [Budw. 1443].

Der Finanzministerialerlass vom 28. April 1866, Z. 18840 bezieht sich ausdrücklich nur auf die nach der Tarifpost 57 f. zu entrichtenden Gebühren.

Bei den zwischen den Versicherungsgesellschaften und den Versicherten vorhandenen Rechtsverhältnissen kann der Fall auch der sein, dass die Versicherungssumme in Raten ausgezahlt wird, oder dass tatsächlich ein geringerer Betrag seitens der Versicherungsgesellschaft bei dem Eintritte des versicherungspflichtigen Ereignisses entrichtet werde, als auf welchen die Empfangspost lautet. — In diesem Falle wird nicht der vom **Perzipienten** wirklich empfangenen Betrage entsprechende Stempel verrechnet, sondern jener Betrag, welcher in der Urkunde ausgedrückt ist; denn die Gebühr von den Empfangsbestätigungen ist nach Tarifpost **47** des Gebührengesetzes vom 3. Februar 1850, R.G.B. No. 50, nach dem Werte des übernommenen Gegenstandes zu bemessen.

Als „übernommen" wird jedoch jene Wertsumme angenommen, welche in der Urkunde als „übernommen" ausgedrückt ist, und ist für den Fall, als diese Quittungen als „Rechtszahlungsquittungen" angesehen werden sollten, die Gebühr, wenn nebst der Restzahlung zugleich auch der Empfang der Gesamtforderung bestätigt wird, nach dem als empfangen bestätigten **Gesamt**betrage zu entrichten

[Anmerkung zu dem im Tarife zum Gesetze vom 9. Februar 1850 enthaltenen Schlagworte „Restzahlungsquittungen"; vgl. Budw. No. 1443].

Die Versicherungsanstalten haben daher die Gebühr nach Skala II von allen wiederkehrenden, wegen der Versicherung bedungenen Leistungen an dieselben, und zwar nicht aus dem aus der Verrechnung von Forderungen entstandenen Saldo, sondern für jede einzelne gebührenpflichtige Empfangs- oder Ausgabepost unmittelbar, monatlich, nachhinein zu entrichten. Dieser Gebühr sind auch die, wenn auch nicht faktisch eingezahlten, sondern bloss von der versicherten Summe in Abzug gebrachten oder sonst verrechneten Prämienergänzungen unterworfen [vgl. E. vom 13. Juni 1882, Z. 1210, Budw. Bd. 6 No. 1443].

Nach Tarifpost 57 des Gesetzes vom 13. Dezember 1862, R.G.B. No. 89 Abs. E. sind auch alle „gesellschaftlichen Versicherungsanstalten" verpflichtet, sowohl die von den Einlagen, als auch von den wiederkehrenden Leistungen und bei dem Eintritte der Versicherung von den gesellschaftlichen Leistungen nach Skala II entfallenden Gebühren monatlich, nachhinein, unmittelbar zu entrichten [vgl. Z. 1150, Budw.].

§. 19.

Die Gebührenbefreiungen.

Wenn eine Versicherungsanstalt, welche auf Beerdigungskosten, ärztliche Hilfe etc. die Versicherung beschränkt, auch einen grösseren Gewinn hat, so ist dieselbe doch noch nicht gebührenpflichtig, wenn nicht etwa an Mitglieder Dividenden gezahlt wurden.

Wird der Überschuss des Jahresgewinnes den Mitgliedern auch auf die nächstjährigen Prämienzahlungen gutgeschrieben, so ist dies noch keine Dividendenzahlung bzw. eine Verteilung des Gewinnes, welche etwa gebührenpflichtig wäre. Werden nach den Statuten einer „Versorgungs"- oder „Versicherungsanstalt" die Unterstützungen, die von seiten derselben an die Versicherten geleistet werden, auch an derartige Mitglieder verabfolgt, welche nicht zeitlich oder lebenslänglich erwerbsunfähig sind, dann erscheinen die Leistungen gebührenpflichtig und ein Anspruch kann nicht geltend gemacht werden [vgl. E. des V.G.H. vom 13. September 1881, Z. 1495, Budw. No. 1150].

Nach Tarifpost 55 B. 1 wird ein „Gesellschaftsvertrag", d. i. ein solcher Vertrag, wodurch zwei oder mehrere Personen sich verpflichten, zu einem gemeinschaftlichen Zwecke, der ihren Vorteil zum Gegenstande hat, um ihre Mühe zu vereinigen, bloss der **festen** Gebühr von 5 fl. für den ersten Bogen unterzogen; die wirklich eingegangenen Retrocessionen aber gebührenfrei behandelt.

Ein Vertrag zwischen zwei Versicherungsgesellschaften, durch welchen vereinbart wird, dass die eine, aus den von ihrem Versicherungsgeschäfte herrührenden Excedenten einen Teil in Retrozessionen übergibt, die andere dagegen die Verpflichtung übernimmt, Überweisungen derselben zu akzeptieren, stellt sich nicht als ein solcher Gesellschaftsvertrag dar. Denn der Zweck dieses Vertrages ist der Abschluss eines Rückversicherungsvertrages. In dem Abschlusse eines solchen Vertrages wird jedoch keineswegs lediglich die „Mühe zu gemeinsamen Zwecke" vereinigt, vielmehr hat ohne besondere Widmung eines Teiles des Gesellschaftskapitales dieses letztere zur Gänze als Deckungsfond für die übernommenen Versicherungsverpflichtungen zu dienen und werden wirkliche Leistungen in Geld in *eventum* (nämlich im Falle des Eintretens des versicherten Ereignisses) übernommen [vgl. E. vom 15. Juni 1878, Z. 953. No. 286].

---

§. 20.

Die Gebührenbefreiungen der „Versorgungsanstalten".

Massgebend für die Gebührenbefreiung der Versicherungs- und Versorgungsanstalten sind vor allem die Statuten derselben, und zwar insbesondere der Umstand, ob aus dem Wortlaute derselben geschlossen werden kann, dass diese Anstalten derart konstituiert sind, dass dieselben zugleich auch auf den Gewinn der Unternehmer berechnet sind. — Denn alle „Versorgungs- und Versicherungsanstalten“, die sich bloss auf die Beerdigungskosten, ärztliche Hilfe und Pflege in Krankheitsfällen und Unterstützungen, im Falle zeitlicher oder lebenslänglicher Erwerbsunfähigkeit“ beschränken, geniessen bezüglich der Policenprämie, der ersten Einlagen, wiederkehrenden Leistungen, nur insoferne die Gebührenbefreiung, als sie nicht zugleich auf Gewinn berechnet sind [vgl. E. d. V. G. R. vom 29. Mai 1883. Z. 1247 Budw. No. 1776. Wolski, Judikatenbuch No. 1701].

---

§. 21.

Die Gebührenpflicht der Feuer- und Rückversicherungsanstalten.

I. Die Gebührenpflicht der Feuerversicherungsanstalten.

Eine besondere ausdrückliche Bestimmung, welche bloss für die „Feuerversicherung“ gilt, ist im Gebührengesetze vom 9. Februar 1850 No. 50 R. G. B. nicht enthalten, dagegen ist eine Norm, wie bei wiederkehrenden Leistungen die Gebühr zu berechnen ist, im § 16 gegeben und diese kommt bei Feuerversicherungen, welche auf weniger als 10 Jahre (§ 16 lit. a G. G.), ferner auf mehr als 10 Jahre, (§ 16 lit. E. G. G.), weiters auf Lebenszeit einer bestimmten Person (§ 16 lit. c G. G.) abgeschlossen sind, zur Anwendung. Verträge über „Feuerversicherungen“ werden gewöhnlich nicht auf ein Jahr, sondern meistens sogleich auf mehrere Jahre abgeschlossen. In diesem Falle wird die Prämie für das erste Jahr sofort, für jedes weitere Jahr, aber am Schlusse desselben entrichtet.

Die Gebühr muss dann nicht nur für den mit der Prämienzahlung des ersten Jahres zusammenfallenden ersten

Geldbetrag, sondern auch für jede weitere im voraus bedungene Geldleistung der folgenden Jahre nach deren Betrage entrichtet werden [vgl. E. vom 27. April 1880. Z. 786 Budw. No. 758]. Die Finanzbehörden können verlangen, dass bei einer Elementarschädenversicherungsanstalt die bezüglichen Empfangs- und Ausgabeposten in den Monatsjournalen einzeln ausgewiesen, für jede einzelne Post die entsprechende Skalagebühr berechnet und unmittelbar entrichtet werde.

II. Die Gebührenpflicht der Rückversicherungsanstalten.

Vom gebührenrechtlichen Standpunkte werden die zwischen zwei Versicherungsgesellschaften abgeschlossenen „Rückversicherungsverträge", wie gewöhliche Versicherungsverträge angesehen. [§ 1288. a. b. G. B.].

Der Vertrag, wodurch die Versicherungsgesellschaft erklärt, der anderen, die aus den von ihrem Feuer-Rückversicherungsgeschäfte herrührenden Excedenten, einen Teil in Retrozession zu übergeben, und die andere die Verpflichtung übernimmt, diese Überweisung zu akzeptieren, werden als „Vereinbarungen über den künftigen Abschluss von Rückversicherungen" betrachtet.

Diese Verträge unterliegen nach Tarifpost 101. II b. des Gesetzes vom 13. Dezember 1862 R. G. B. No. 89, der fixen Stempelgebühr per 50 Kr. oder 100 Heller für jeden Bogen. Die auf Grund dieser Vereinbarungen wirklich zustande kommenden Retrocessionen sind als nach Tarifpost 57 E. des bezogenen Gesetzes als „gebührenpflichtige Versicherungsverträge" zu behandeln [vgl. E. vom 15. Juni Z. 953 No. 286 Budw.]. Eine Bank, welche Waren, die in ein ihr gehöriges Lagerhaus kommen, versichert, ist verpflichtet, für jede mit ihren Komittenten, in Ansehung der in das Lagerhaus der Bank eingelagerten Waren abgeschlossene Vereinbarung, unter Zugrundelegung des deklarierten Wertes die Gebühren nach Tarifpost E. des Gesetzes vom 13. Dezember 1862 No. 89 R. G. B. zu entrichten.

Darin, dass die Bank die Versicherung der in ihrem Lagerhause befindlichen Waren übernimmt und sohin bei einer weitern Versicherungsgesellschaft versichert, liegt ein

doppeltes Versicherungsverhältnis vor, nämlich 1. zwischen der Bank und den Wareneinlegern, und 2. zwischen der Bank und der Assekuranzgesellschaft, bei welcher sie die Waren versichert. Die Bank ist in diesem Falle nicht lediglich „Vermittlerin“ zwischen den Wareneinlegern und der Assekuranzgesellschaft, falls nämlich die Versicherungsverträge zwischen der Bank und Assekuranzgesellschaft über die bei ihr eingelagerten Waren im eigenen Namen und auf eigene Rechnung abgeschlossen wurden. Aus diesem Vertrage erlangen die Wareneinleger gar keine Rechte und Pflichten, weil sie im einem Vertragsverhältnisse zur Versicherungsgesellschaft überhaupt nicht stehen, also nicht die Versicherten sind. Es ist dies **nur** die Bank, welche im Falle des Schadens oder Unterganges der bei ihr eingelagerten Waren, sich nach Massgabe der Bestimmungen der §§. 1290 und 1291 mit der Versicherungsgesellschaft auseinandersetzen muss.

Die mit den Assekuranzgesellschaften von der Bank abgeschlossenen Versicherungsgeschäfte haben die rechtliche Natur von „Rückversicherungen“ [vgl. E. des k. k. V. G. H. vom 7. November 1885. Z. 2851. No. 2764. Budw., Band IX]. Auch für die Rückversicherungen haben die unter Tarifpost. 37 lit. E. des Gesetzes vom 13. Dezember 1862 vorgezeichneten Bestimmungen Geltung. [E. des k. k. Verw. G. H. vom 3. Jänner 1883. Z. 2584 Z. 1613. Budw. 7. Band]. Die Bestimmungen des Gesetzes vom 13. Dezember 1862 (Tarifpost 57. lit. E.) handeln von den Versicherungsverträgen überhaupt und machen hier keinen Unterschied.

Policen sind Urkunden, welche den Zweck haben, den Abschluss des Versicherungsvertrages zu bescheinigen; sie gehören daher nicht zur Gattung von Urkunden, welche lediglich als „Empfangsbestätigung“ aufgefasst werden. Daher sind auch Versicherurgsprämien, welche die Höhe von 2 fl. nicht erreichen, gebührenpflichtig [vgl. Tarifpost 48 lit. n].

§ 22.

Die Gebührenpflicht der Transportversicherungs-anstalten.

Wenn von einem Verbande mehrere Versicherungen zur gegenseitigen Tragung der den Einzelnen treffenden Transportschäden übernommen werden, so sind dieselben nach Tarifpost 57 F. des Gebührengesetzes gebührenpflichtig [vgl. E. des k. k. V. G. H. vom 30. April 1887, Z. 3512; vgl. Geller, Bd. IV, No. 186].

Die Lagerhausverwaltungen besorgen gleichzeitig zur Erleichterung des Geschäftsverkehrs die Vermittlung der Versicherungen. Wird nun von der Lagerhausverwaltung die Versicherung derjenigen Waren, welche in das Lagerhaus aufgenommen wurden, derart besorgt, dass sie die Prämie im voraus aufrechnet und die Policen der Versicherungsanstalt auf ihren [d. h. der Lagerhausverwaltung] Namen und nicht auf den Namen derjenigen, welche die Waren einlagern, ausstellen lässt, so ist dieses Geschäft in Absicht auf die Gebührenbemessung, nicht als Vermittlung der Versicherung zu behandeln. Es stellt sich vielmehr als eine direkte Versicherung seitens der Lagerhausverwaltung mit Rückversicherung dar und ist nach Tarifpost 57 F. des Gesetzes vom 13. Dezember 1862 R. G. B. 89 zu vergebühren [vgl. E. des k. k. V. G. H. vom 7. November 1885, Z. 2764; Geller. Bd. I, No. 565; „Die Praxis des Verwaltungsgerichtshofes“ v. Dr. Jolles, Wien 1889].

---

§ 23.

Die Gebühr bei „Leibrentenverträgen“.

Es kann von einer Versicherungsgesellschaft ein Leibrentenvertrag **derart** abgeschlossen werden, dass die Leibrente auch nach dem Tode des einen Bezugsberechtigten, weiter dem überlebenden Teile im vollen Betrage ausgezahlt werde. In diesem Falle wird die Gebühr nach

Skala III auf Grund des Leibrentenkapitals bemessen, keineswegs darf davon, dass dem Überlebenden eine weitere Rente zugewachsen ist, noch eine weitere „Schenkungsgebühr“ vorgeschrieben werden [vgl. E. vom 1. März 1881, Z. 371 Budw. Z. 1027, Bd. V].

Die Gebühr von 1 Prozent nach Absatz 1 der Vorerinnerungen zum Tarife des Gebührengesetzes vom 9. Februar 1850, bezw. nach Tarifpost 91 des Gesetzes vom 13. Dezember 1862 R. G. B. No. 89, kann deshalb nicht vorgeschrieben werden, weil, wenn im Todesfalle des einen der Versicherten dem Überlebenden, dessen Rente zufällt, der diesfällige Zuwachs für den Überlebenden aus dem Titel des Leibrentenvertrages und nicht aus jenem der Schenkung auf den Todesfall seitens eines der Versicherten entspringt [vgl. §§ 426, 428, 1284—1286 a. b. G. B.; das Ges. vom 25. Juli 1871 R. G. B. 761 § 1].

§ 24.

Die Gebührenpflicht der „gesellschaftlichen Versorgungsanstalten“.

Von der Verpflichtung zur Entrichtung der Gebühren sind **nur** jene Versicherungsanstalten und gesellschaftlichen Versorgungsanstalten befreit und nach der Anmerkung zu dem Absatze E. der Tarifpost § 7 des Gesetzes vom 13. Februar 1862 R. G. B. No. 89 als gebührenfrei zu behandeln, welche sich bloss auf Beerdigungskosten, ärztliche Hilfe und Pflege in Krankheiten und Unterstützungen im Falle zeitlicher oder lebenslänglicher Erwerbsunfähigkeit beschränken. Dies der Grundsatz, der in allen Entscheidungen des k. k. Verwaltungsgerichtshofes ausgesprochen wurde.

§ 25.

Die Gebührenpflicht der Wechsel im Versicherungsgeschäfte.

Die Zahlungen der Prämien, sowie die anderen etwaigen Leistungen, welche die Versicherten an die Versicherungsanstalten zu effektuieren haben, können entweder bar oder durch Ausstellung von etwaigen Schuldurkunden erfolgen. Werden im Versicherungsgeschäfte Wechsel ausgestellt, so bilden dieselben selbständige Objekte der „Gebühr". Die Natur der Wechselverpflichtung besteht unabhängig von einem bestimmten Verpflichtungstitel und lässt prinzipiell die Einbeziehung von Verpflichtungsakten, welche einen bestimmten Titel voraussetzen, nicht zu [vgl. E. vom 27. April 1880, Z. 786, Budw. No. 758].

Die Art, in welcher allein der Stempelpflicht von Wechseln entsprochen werden kann, ist sowohl im Gesetze vom 29. Februar 1864, Z. 20 R. G. B. als auch im Gesetze vom 8. März 1876 R. G. B. No. 26 § 14 bestimmt bezeichnet; der § 4 bezw. § 20 dieser Gesetze verhängt die nachteiligen Folgen, wenn die diesfällige Stempelgebühr nicht auf vorschriftsmässige Art entrichtet wurde.

---

§ 26.

Die Gebührenäquivalentpflicht der Versicherungsgesellschaften.

Durch das Gebührengesetz wurde eine Abgabe in Österreich eingeführt, welche von dem Vermögen bestimmter juristischer Personen für jede Besitzdauer von **10 Jahren** zu entrichten ist.

Diese Abgabe soll dem Staate einen Ersatz für die Vermögensübertragungsgebühren bieten, welche ihm dadurch entgehen, dass dieses Vermögen nicht im Besitze physischer Personen sich befindet, somit der Gebühr von öfteren Besitzveränderungen entzogen ist [vgl. die E. d. k. k. V. G. H. vom 8. Juli 1884, Z. 2199 und vom 19. November 1889, Z. 4961].

Diese Gebühr erscheint in der Tarifpost 106 B. e. 1. 2. kais. Patent vom 9. Februar 1850, No. 50 R. G. B., beziehungsweise im Gesetze vom 13. Dezember 1862, R. G. B. No. 89, vorgeschrieben.

Die auf Wechselseitigkeit begründete Versicherungsgesellschaft ist **keine** Erwerbsgenossenschaft, sondern ein Verein, bei welchem die Vereinsmitglieder zwar Anspruch auf Auszahlung des vertragsmässigen Versicherungsbetrages haben, keineswegs aber während des Bestandes einen frei übertragbaren Anteil am Vermögensstamme der Gemeinschaft besitzen. Es findet auf dieselbe Z. 2 der Tarifpost 106 B. e., beziehungsweise § 22 des Gesetzes vom 29. Februar 1864, R. G. B. No. 20, keine Anwendung und scheint dieselbe verpflichtet, das Gebührenäquivalent mit 3 Prozent zu entrichten. Die „Anteile“ der Gesellschaftsmitglieder sind lediglich Rechte, welche Gegenstand der freien Übertragung an dritte Personen sein können [vgl. E. d. k. k. V. G. H. vom 23. Mai 1885, Z. 1339, Budw., No. 2574, Bd. IX, Tarifpost 106 B. der Z. 2 des Gesetzes vom 13. Dezember 1862, Z. 89 R. G. B., § 22 des Gesetzes vom 29. Februar 1864, Z. 20 R. G. B., § 3 des Gesetzes vom 15. April 1885, Z. 51 R. G. B.].

Die Voraussetzung der prinzipiellen Verpflichtungen einer Versicherungsanstalt, ein Einbekenntnis behufs Bemessung des Gebührenäquivalentes einzubringen, wird darin erblickt, dass die Anstalt ein Vermögen erwerben und besitzen kann. Die Mitglieder einer wechselseitigen Versicherungsanstalt sind keineswegs als Teilhaber an dem Vermögen der Anstalt während des Bestandes derselben anzusehen, sondern sie haben bloss ein Recht auf Befriedigung bestimmter Forderungen. Der Umstand, ob den Teilnehmern der Anstalt ein statutarisches Recht zusteht, die Verwaltung und Vertretung der Anstalt durch Wahl umzustimmen oder nicht, ist ganz irrelevant und übt darauf, ob die Anstalt deshalb als „juristische Persönlichkeit“ anzusehen wäre, gar keinen Einfluss.

Darin, dass die Anstalt statutarisch den Zweck hat, „wechselseitig“ in der Art zu versichern, dass alle ihre Teilnehmer diese Gefahr gemeinschaftlich tragen, kann ein Wohltätigkeits- oder Humanitätszweck an und für sich nicht erblickt werden, und kann daher aus diesem Grunde die Anstalt die Bestimmungen der Tarifpost 106 B. e. Anm. 2 d. nicht für sich geltend machen [vgl. E. d. k. k. V. G. H. vom 31. Oktober 1882, Z. 2090, Budw., No. 1543].

---

§ 27.

Die Gebührenpflicht bei Versicherung von Losen und Anlagepapieren gegen Kursverlust im Falle der Verlosung.

In neuerer Zeit wurde von Wechselstuben unter anderem ein Geschäftszweig, „die Versicherung gegen Kursverlust bei Wertpapieren im Falle der Verlosung derselben,“ eingeführt. Diese Einrichtung besteht darin, dass die Wechselstube sich verpflichtet, gegen eine ihr gezahlte Prämie auf Verlangen des Versicherungsnehmers das versicherte Los gegen ein anderes gleichartiges, unverlostes Wertpapier ohne Vergütung umzutauschen. Die Merkmale dieses Geschäftes stellen sich als die wesentlichsten Bestandteile des „Versicherungsvertrages“ dar und erscheint es gleichgültig, ob das Geschäft als „Versicherungsvertrag“ von den Parteien bezeichnet wurde. Denn:

1. nach den Bestimmungen über die gegenständliche Versicherung hat der Prämienzahler die zur Versicherung gelangenden Wertpapiere (also den Gegenstand der Versicherung) genau zu bezeichnen;

2. wird die Prämie von der Gesellschaft in einem Versicherungstarife festgestellt, welcher vor jeder Ziehung veröffentlicht wird;

3. tritt die Versicherung erst nach der Zahlung der Prämie in Kraft;

4. gibt die Gesellschaft die Zusicherung, den er-

littenen Schaden durch Umtausch des verlosten Wertpapieres gegen ein gleichartiges unverlostes zu ersetzen.

5. „Gefahr“ (Verlosungsfall) ist hier die „Verlosung des verzeichneten Wertpapieres“, welche mit Kursverlust verbunden ist und die bei einer bestimmten Ziehung eintreten kann.

Ein Fall der Gebührenfreiheit nach der Anmerkung zu den Tarifposten 57 E. und F. ist nicht vorhanden. Auf die fraglichen Verträge ist Tarifpost 57 F. des Gesetzes vom 13. Dezember 1862 anzuwenden [vgl. §§ 1288, 936, 1323 a, b. G. B., E. d. k. k. V. G. H. vom 21. Februar 1891, Z. 712, Budw., No. 5765, Jahrg. XV). Überblicken wir sämtliche in den Entscheidungen des k. k. Verwaltungsgerichtshofes enthaltenen Rechtsgrundsätze, so finden wir, dass dieselben sich durch logische Schärfe auszeichnen und so ein den Finanzbeamten willkommenes Surrogat der auf diesem Gebiete nicht vorhandenen Gesetze bilden. Jedenfalls werden dieselben bei Verfassung eines Gesetzes über die Gebührenpflicht bei Versicherungsverträgen berücksichtigt werden müssen.

---

§. 28.

Die Steuerpflicht der Versicherungsgesellschaften.

Die Besteuerung der gewinnbringenden Unternehmungen erfolgte in Österreich früher nach den Normen des Erwerbsteuerpatentes vom 31. Dezember 1812 und des Einkommensteuerpatentes vom 27. Oktober 1849. — Eine erwerbsteuerpflichtige Beschäftigung konnte von niemandem ohne Erwerbsteuerschein [nach § 9 des Erwerbsteuerpatentes] betrieben werden; es unterlagen daher die Versicherungsgesellschaften, deren Tätigkeit auf Erwerb gerichtet war:

1. der Erwerbsteuer;
2. der Einkommensteuer.

(§ 4. Z. 1 des Einkommensteuerpatentes vom 29. Oktober 1849. R. G. Bl. No. 139. Vollzugsvorschrift vom 11. Jänner 1850. R. G. Bl. 10.] Die Versicherungsgesellschaften wurden, was die Erwerbsteuer anbelangt, in die 2. Hauptbeschäftigungsabteilung [§ 4 des Erwerbsteuerpatentes] eingeteilt. Wurde die Unternehmung noch nicht ein Jahr betrieben, so war der Ertrag anzugeben, welcher im Laufe des Jahres mit Wahrscheinlichkeit zu erwarten ist. [§ 10 des Einkommensteuerpatentes.] Die ausländischen Versicherungsgesellschaften wurden als „Handlungsunternehmungen" besteuert. Die Betriebsklasse, in welche eine Versicherungsgesellschaft eingereiht wurde, hing von der Bestimmung der Steuerverwaltung ab.*) Ein besonderes im Reichsgesetzblatte publiziertes Gesetz, durch welches die Steuerpflicht der Versicherungsgesellschaften geregelt würde, existiert für inländische Versicherungsgesellschaften in Österreich bis heute noch nicht. Wir besassen, betreffend die Besteuerung der ausländischen Versicherungsgesellschaften, eine Handhabe in dem Gesetze vom 29. März 1873 R. G. Bl. No. 42 und in der kais. Verordnung vom 29. November 1895 R. G. Bl.

Die früher ausgesprochene Ausschliessung der ausländischen Versicherungsgesellschaften von der Zulassung zum hierländischen Geschäftsbetrieb wurde aufgehoben, zumal auch ausdrücklich im Artikel VII Al. 3 der Verordnung vom 29. November 1865 R. G. Bl. No. 127 (betreffend die Zulassung ausländischer Aktiengesellschaften und Kommanditgesellschaften auf Aktien mit Ausschluss von Versicherungsgesellschaften zum Geschäftsbetriebe) in Östereich bestimmt wurde, dass diese Gesellschaften, gleich den hierländischen Gesellschaften von ihren zum Geschäftsbetriebe in Österreich gehörigen Betriebsanlagen, von ihren hierlands abgeschlossenen Geschäften und von ihren Handels- und Betriebseinkommen in Österreich, die Steuerabgaben und Gebühren nach Massgabe der hierländischen Gesetze und Verordnungen zu entrichten hatten. Es wurden, da die oben angeführte Ausschliessung aufgehoben wurde,

---

*) Vgl. Vorschriften über das Assekuranzwesen in Österreich; herausgegeben von Dr. Leo Derblich in Prag. Heinrich Mercys Verlag 1888.

die ausländischen Versicherungsgesellschaften, gerade so wie ausländische Banken, zur Zahlung der Steuern, nach den Bestimmungen der österreichischen Gesetze verpflichtet. Eine dankenswerte Bereicherung erhielt das „Österreichische Assekuranz-Steuerrecht" durch die Erlässe des k. k. Finanz-Ministeriums vom 12. September 1870. Z. 3656. F. M. und vom 8. Jänner 1874. Z. 20 904, welche allerdings nicht in dem Reichsgesetzblatte publiziert wurden; da sie jedoch in den Sammlungen der Verordnungsblätter der einzelnen Finanzbehörden enthalten waren, gaben sie bei Beurteilung von strittigen Rechtsfragen, auf dem Gebiete des Versicherungssteuerrechtes eine Richtschnur. Insbesondere im Erlasse des k. k. Finanzministeriums vom 9. Jänner 1874. Z. 20 904 wurde genau festgesetzt, welches „**Einkommen**" bei dem Geschäftsbetriebe einer Assekuranzanstalt zu unterscheiden ist und was hiermit als „Steuerobjekt" anzusehen ist. Es war daher demzufolge, strenge das Einkommen der Anstalt selbst, welches in der Form von Überschüssen der Prämien und etwaigen sonstigen Eingängen über die ausgezahlten Schadensvergütungen und Regieauslagen zu Tage tritt, von den Einkommen der für die Zwecke der Anstalt wirkenden Personen, welches denselben als Entlohnung für diese Tätigkeit, sei es in fixen Bezügen, sei es in variablen Genüssen von der Anstalt gewährt werden, zu unterscheiden. Weiters wurde an die unterstehenden Finanzbehörden eine Norm rücksichtlich der „Besteuerung von Versicherungsgesellschaften" dahin erteilt, falls es sich um eine Assekuranzanstalt handelt, welche ihren Hauptsitz und ihre Zweigniederlassung in den vom Reichsrate vertretenen Ländern hat, und weiters um Assekuranzanstalten deren Hauptsitz ausserhalb der österreichisch-ungarischen Monarchie sich befindet. Ausführliche Bestimmungen, rücksichtlich der Besteuerung von Assekuranzgesellschaften, welche in den vom Reichsrate vertretenen Königreichen und Ländern sich befinden und in den Ländern der ungarischen Krone Zweigniederlassungen besitzen, weiters für die in den erstgedachten Ländern befindlichen Zweigniederlassungen ungarischer Assekuranzgesellschaften waren in dem Übereinkommen zwischen dem k. k. österreichischen und dem königlich ungarischen Finanzministerium, [in betreff der Teilung der Steuer von Unternehmungen, welche ihren Geschäftsbetrieben auf beide Gebiete ausdehnen] vom 18. Dezember 1869 und dem Gesetze vom 7. Jänner 1870 R. G. Bl. No. 89 von 1871, ferner im Gesetze vom 23. Juli 1871, R. G. Bl. No. 89, schliesslich in dem Erlasse des k. k. Finanzministeriums vom 4. Jänner 1872, Z. 2671. F. M. enthalten und wurde die Beobachtung dieser Normen mit dem Erlasse des k. k. Finanzministeriums vom 9. Jänner 1874, Z. 20 904 eingeschärft. Eine wichtige Norm enthält, wie bereits früher (§. 1,) erwähnt, rücksichtlich der Besteuerung der Filialen und Agenten ungarischer Versicherungsgesellschaften, welche vielen Assekuranzgesellschaften unbekannt sein dürfte, [da dieselbe nicht im Reichsgesetzblatte publiziert wurde] die auf dem Erlasse des k. k. Finanzministeriums vom 4. Jänne 1872, Z. 2671. F. M. beruhende Verordnung der k. k. Finanz-Landesdirektion für Böhmen vom 3. Februar 1872, Z. 1330. Es wurde hier statuiert, was bei solchen **Zweig**niederlassungen als „Steuerbasis" anzunehmen ist. Eine besonders für die ungarischen Versicherungsgellschaften günstige Bestimmung war insoferne statuiert, als, dieser Verordnung zufolge, nur jene Filialen und Zweigniederlassungen, welche zur selbständigen Abschliessung von Versicherungsverträgen berechtigt waren, nach der 2. Beschäftigungsabteilung als „Handelsunternehmungen" und nicht als „Grosshandlung in die Erwerbsteuer einzubeziehen waren.

Eine ausdrückliche Bestimmung, rücksichtlich der Kompetenz derjenigen Behörden, welche berechtigt erscheinen, den Assekuranzgesellschaften die Steuern vorzuschreiben, wie sie für Eisenbahnunternehmungen in dem Gesetze vom 8. Mai 1869 enthalten ist, besassen wir zwar für Versicherungsgesellschaften nicht, doch erschien für letztere das Gesetz vom 29. Juli 1871, R. G. Bl. No. 91., betreffend die Vorschreibung und Einhebung der Erwerb- und Einkommensteuer von an bestimmte Standorte gebundenen Erwerbsunternehmungen massgebend.

Dass die ausländischen Versicherungsgesellschaften, welche sich als gewinnbringende Unternehmungen darstellen, als „Landesfabriken" und als „Grosshandlungsunternehmungen" aufzufassen sind, dies wurde durch Erlass des k. k. Finanz-Ministeriums vom 28. Mai 1852, Z. 8453 (publiziert im Landesgesetzblatte für Oberösterreich No. 446 ex 1852) nochmals eingeschärft. Selbstverständlich unterlagen nicht nur Versicherungsgesellschaften, welche Aktiengesellschaften waren, sondern auch die auf „Wechselseitigkeit" beruhenden Vereine nur, wenn sie sich als **„gewinnbringende** Unternehmungen" darstellen, der Steuerpflicht, da laut Gesetzes vom 15. April 1885. R. G. Bl. No. 51 die auf dem Prinzipe der „Wechselseitigkeit" beruhenden Vereine und genossenschaftlichen Vereinigungen, welche sich die Versicherung von Krankengeldern, Invaliditäts-, Alters-, Witwen- und Waisenpensionen für Arbeiter, Gehilfen und Lehrlinge statutengemäss zur Aufgabe machen (die sog. „Leichen- und Unterstützungsvereine") ausdrücklich von der Erwerb- und Einkommensteuer befreit waren, auch wenn sie von Nichtmitgliedern Beiträge und Geschenke erhielten. Gemäss § 2 des citierten Gesetzes hatten die Bestimmungen des Gesetzes vom 21. Mai 1873, R. G. Bl. No. 87, über die Begünstigungen, welche den auf Grund des Gesetzes vom 9. April 1873 (R. G. Bl. No. 70) errichteten „Erwerbsgenossenschaften", in Ansehung der Stempel- und der unmittelbaren Gebühren, zukamen, auch auf die oberwähnten Vereine Anwendung zu finden. Bei Beurteilung der Steuerpflicht des Einkommens der Versicherungsgesellschaften war, vor allem neben dem Einkommensteuerpatente vom 29. Oktober 1849, der Erlass des k. k. Finanzministeriums vom 11. Jänner 1850 R. G. Bl. No. 10. [Vollzugsvorschrift zum Einkommensteuerpatente] massgebend. Die Gruppen der Erwerbssteuerpflichtigen, wurden in „Klassen" mit auf steigenden Steuersätzen geteilt: der gesetzliche Steuersatz war durch einen sogenannten ausserordentlichen Zuschlag verdoppelt.*)

*) Vgl. Dr. Edmund von Herzfeld, Hof- und Gerichtsadvokat in Wien „Die Steuerreform und der ärztliche Stand in der Wiener klinischen Zeitschrift".

§. 29.

Die Besteuerung der Versicherungsgesellschaften, welche ausser ihrer Dividende den Versicherungsnehmern sogenannte „Gewinnanteile“ gewähren.

Es sind in Österreich noch Versichernngsgesellschaften zum Geschäftsbetriebe zugelassen, welche jedem Versicherten, der hierfür einen besonderen Zuschlag zur normalen, tarifmässigen Prämie entrichtet, den Anspruch auf einen „Anteil des Geschäftsertrages“ gewähren. Dieses Rechtsverhältniss, demzufolge zwischen der betreffenden Gesellschaft und den Versicherten ausser dem eigentlichen „Versicherungsvertrage“ eine weitere Vereinbarung dahin eingegangen wird, dass der Versicherungsnehmer als „Zuschlag“ zur normalen Prämie einen Betrag an die Gesellschaft jährlich erlegt, gegen welchen er nach einer bestimmten Zeit einen statutenmässigen Anspruch auf eine „Dividende“ erhält, **ist societärer Natur**, und wurzelt in dem auf „gemeinschaftlichen Erwerb“ gerichteten Zwecke. Hier fand nun der § 11 der Vollzugsvorschrift vom 11. Jänner 1850, Z. 10 R. G. Bl. zum Einkommensteuerpatente vom 29. Oktober 1849, welcher die Fatierung des Einkommens von „Erwerbsgesellschaften“ regelte, insoferne seine volle Anwendung, da es sich hier um die Einkommensteuerbemessung, betreffend eine „Versicherungsgesellschaft“, deren Teilnehmer Versicherungsnehmer sind, und **ausserdem**, um ein gesellschaftliches auf gemeinsamen Erwerb gerichtetes Unternehmen mit den Teilnehmern des Versicherungsgeschäftes handelt. [Vgl. E. des k. k. Verw. G. Hofes vom 6. Feber 1883, Z. 279; Budw. No. 1651.]

Ausländische Versicherungsaktiengesellschaften, welche zum Geschäftsbetriebe hierlands zugelassen sind, wurden, wie hierländische, steuerpflichtig, somit wie andere Bewohner der im Geltungsbebiete des Einkommensteuerpatentes vom 29. Oktober 1849 begriffenen Länder behandelt und hatten nicht nur die Steuern von dem eigentlichen „Geschäftsbetriebe“ sondern auch vom anderen in Österreich erworbenen Einkommen nach den hierländischen Gesetzen und Verordnungen zu entrichten. Innländische Bewohner und innländische

Versicherungsgesellschaften hatten ihr Einkommen in den Ländern, in welchen das Einkommensteuerpatent vom 29. Oktober 1849 beziehungsweise die neuen Steuergesetze gelten, wenn sie nicht durch den dem Schuldner zufolge dieses Patentes bewilligten Abzug getroffen wurden [§ 13 des Einkommensteuerpatentes] nach der III. Einkommensteuerklasse zu versteuern und so war auch eine ausländische Versicherungsgesellschaft, welche zum hierländischen Geschäftsbetriebe zugelassen war, in Bezug auf jedes Einkommen in Österreich, wie eine inländische Gesellschaft zu behandeln. — [E. des k. k. V. G. H. vom 16. April 1884, Z. 714; § 4 und 13 des Einkommensteuerpatentes vom 29. Oktober 1849. R. G. Bl. No. 439], [§ 12 des Gesetzes vom 9. Februar 1882, R. G Bl. No. 17; § 2 des Gesetzes vom 29. März 1873, Z. 42. R. G. Bl. Art. VII der kais. Verordnung vom 29. November 1865. R. G. Bl. Nr. 127].

---

§. 30.

Die Steuerpflicht der Versicherungsagenten.

Die Rechtshandlungen der Agenten eines Versicherungsvereines oder einer Versicherungsanstalt bestehen in der Vermittlung der aus der Versicherung entstehenden, bestimmten Geschäfte, zwischen den „Versicherten" und dem „Versicherungsunternehmer", im Auftrage dieses letzteren. — Es stellt sich diese Vermittelung für den Dienstleistenden als eine gewinnbringende Beschäftigung dar, welche bereits nach dem Wortlaute des § 1 IV des Erwerbsteuerpatentes als erwerbsteuerpflichtig erklärt wurde, und bezüglich welcher eine Ausnahme im Grunde des §. 2. dieses Patentes nicht bestand. Dass die Erwerbsteuerpflicht einer gewinnbringenden Unternehmung oder Beschäftigung, beziehungsweise die Verpflichtung zur Einbringung der Fatierungserklärung nicht nach der Gewerbeordnung beurteilt werden kann und auch nicht davon abhängt, ob der betreffende etwa den Bestimmungen der Gewerbeordnung unterworfen ist oder nicht, ob er nach dieser seinen Erwerb der Gewerbsbehörde anzumelden verpflichtet ist oder nicht, sondern dass in dieser Beziehung nur das Erberbsteuerpatent und die in diesem erlassenen gesetzlichen Vorschriften massgebend waren, geht auch daraus hervor, dass Unternehmungen und Beschäftigungen, auf welche die Bestimmungen der Gewerbeordnung keine Anwendung finden, der Erwerbsteuer unterlagen, wenn sie nach dem Erwerbsteuerpatente, als Gewerbe, Fabriken dieser Art erschienen und nach diesem Patente von der Erwerbsteuer ausdrücklich nicht ausgenommen waren. Im § 9 des Erwerbsteuerpatentes wurde erklärt, dass niemand eine der Erwerbsteuer unterliegende Beschäftigung (sie mag sonst frei betrieben werden können oder nicht und der Steuerpflichtige mag schon hierzu berechtigt sein oder die Verleihung erst gewinnen wollen) ohne Erwerbsteuerschein ausüben darf. Da nun nach dem Erwerbsteuerpatente die Beschäftigung zu „Geschäftsvermittlungen" ohne jede weitere Einschränkung als erwerbsteuerpflichtig erklärt war, da ferner diese Beschäftigung nicht im Auslande, sondern im Geltungsgebiete des Erwerbsteuerpatentes ausgeübt wurde, unter Umständen, welche die Dienstleistung als einen „selbständigen Erwerbszweig" erscheinen lassen, so war es gleichgültig, ob sich diese Beschäftigung nur auf Geschäftsvermittlung zwischen den „Versicherten" und nur einem Versicherungsvereine beschränkt und der Versicherungsagent etwa von der Gewerbebehörde als solcher zugelassen wurde oder nicht. [Vgl. E. des k. k. V. G. H. vom 29. April 1884, Z. 719. No. 2108. Budw. Band 8].

---

§. 31.

Die Erwerb- und Einkommensteuerpflicht „wechselseitiger Versicherungsgesellschaften".

Diese Versicherungsgesellschaften haben nach ihren behördlich genehmigten Statuten den Zweck, bewegliche und unbewegliche Gegenstände gegen Feuersgefahr, dann Spiegel und Spiegelglasscheiben u. s. w. nach in den Statuten bezeichneten Vorschriften „wechselseitig" in der Art zu versichern, dass alle ihre Teilnehmer diese Gefahr gemeinschaftlich tragen. So haften die Versicherten „nach Verhältnis ihrer Prämien" für den Ersatz aller Schäden, welche im Verlaufe des ganzen Jahres, in welchem dieselben bei der Anstalt versichert werden, vorfallen und haben in diesem Falle die Teilnehmer, zur Bestreitung aller der Versicherungsanstalt statutenmässig zu Last fallenden Ausgaben, regelmässige Beiträge in im voraus bestimmten Quotienten einzuzahlen. Wenn die Summe der ordentlichen Einnahmen der Versicherungsanstalt und der Reservefonds zur Deckung der Schäden und sonstigen Auslagen nicht ausreicht, haften die Mitglieder zu gewissen Quoten mit ihrem Vermögen. Die Teilnehmer einer solchen Anstalt, die eine „welchselseitige Versicherung" ist, können nicht zu jenen Gesellschaften gezählt werden, die der Erwerbsteuer unterliegen. Denn „solche Versicherungen" bezwecken im Gegensatze zu den Versicherungen gegen „feste Prämien" **keinen** Gewinn. Dass solche so organisierte Versicherungsanstalten der Erwerbsteuer nicht unterlagen, folgte indirekt aus der Bestimmung des § 1 c. Z. 9 der Vollzugsvorschrift zum Einkommensteuerpatente vom 11. Jänner 1850, R. G. Bl. No. 10, indem das Einkommen derselben nach der 3. und nicht nach der 1. Klasse bemessen wurde. — Wenn auch nach den erwähnten Statuten aus den reinen Überschüssen ein Reservefond gebildet wurde, dessen Hauptzweck die Vermeidung ausserordentlicher Beiträge war, so konnte weder in der Bildung dieses Reservefonds, noch in der etwaigen teilweisen Zuwendung des Überschusses an gemeinnützige Anstalten ein Anhaltspunkt für die Erwerbsteuerpflicht einer solchen auf „wechselseitiger Versicherung" der Teilnehmer beruhenden Anstalt gefunden werden. Da keine gesetzliche Anordnung bestand, dass eine der Erwerbsteuer nicht unterliegende Anstalt durch Zuwendung eines Überschusses an einen Dritten oder durch Bildung von Reservefonds in die Erwerbsteuerpflicht eintrat, so musste die Einbeziehung einer derartigen Versicherungsanstalt zur Erwerbsteuerpflicht und die Unterziehung derselben zur Entrichtung einer Einkommensteuer nach der 1. Klasse als nicht im Gesetze begründet angesehen werden, auch dann, wenn sie grössere Beträge alljährlich auch an Nichtmitglieder der Versicherungsanstalt (so an Gemeinden zu wohltätigen Zwecken) aus ihrem Einkommen verteilte (vgl. E. des k. k. V. G. H. vom 23. September 1879 Z. 1791. Budw. No. 561]. — Am 1. Jänner 1898 trat in Österreich das Gesetz vom 25./11. 1896, Z. 220. R. G. Bl., betreffend die direkten Personalsteuern in Wirksamkeit und in diesem Gesetze erscheint auch die Besteuerung der „Versicherungsgesellschaften" der (in- und ausländischen) „Aktien- und Gegenseitigkeitsgesellschaften" normiert. — Nach der früheren Gesetzgebung betrug der Steuersatz für die Erwerbsteuer für Aktiengesellschaften, die ihren Sitz in Österreich hatten, sowie für solche ausländische Gesellschaften, die in Österreich einen namhaften Geschäftsbetrieb auswiesen, im Ordinarium 1575 fl., wozu noch die sog. „ausserordentlichen Staatszuschläge", sowie namhafte „Landes-Bezirks-Gemeinde- und Handelskammerzuschläge" kamen. In den Motiven dieser Regierungsvorlage des neuen Steuergesetzes wurden die Leistungen der Versicherungsgesellschaften an Erwerb- und Einkommensteuer samt den ausserordentlichen Zuschlägen angegeben, wie folgt:

Jahr	1881	Steuersumme	156509	Gulden	ö.	W.
„	1882	„ „	160234	„	„	„
„	1883	„ „	186193	„	„	„
„	1884	„ „	200014	„	„	„
„	1885	„ „	188550	„	„	„
„	1886	„ „	215092	„	„	„
„	1887	„ „	211981	„	„	„
„	1888	„ „	179982	„	„	„
„	1889	„ „	173839	„	„	„
„	1890	„ „	187568	„	„	„

§ 32.

Die Erwerbsteuer von den der öffentlichen Rechnungslegung unterworfenen Unternehmungen nach dem neuen Steuergesetze.

Die Erwerbsteuer von den der „öffentlichen Rechnungslegung" unterworfenen Unternehmungen ist nach dem neuen Aktiengesetze [§ 10.], wenn sich die Betriebsstätten dieser Unternehmungen an demselben Orte befinden, an welchem der Unternehmer seinen Sitz hat, in der Gemeinde dieses Ortes vorzuschreiben. Befindet sich der Sitz des Unternehmers im Auslande, so gilt der Sitz der inländischen Repräsentanz, bezw. des im § 90 Abs. 2 bezeichneten Vertreters, als Sitz des Unternehmer's.

Befindet sich die Betriebsstätte nicht am Orte des Sitzes der Unternehmung, so sind 50 % in der Gemeinde des Unternehmers und 50 % in der Gemeinde vorzuschreiben, in welcher sich die Betriebsstätte befindet.

Falls in mehreren Gemeinden Betriebsstätten vorkommen, so sind 80 % in diesen Gemeinden nach Massgabe der Mitwirkung der einzelnen Betriebsstätten zum Gesamtertrage der Unternehmung vorzuschreiben, wobei es keinen Unterschied macht, ob die einzelnen Betriebsstätten selbständig sind, oder zu einander in dem Verhältnisse von Hauptanstalt und Zweig-, oder Hilfsanstalt stehen [§§ 102 und 103]. Die Unternehmung hat jährlich ein Steuerbekenntnis einzubringen, dem die vollständige Bilanz, die Rechnungsabschlüsse und Geschäftsberichte, sowie das Generalversammlungsprotokoll anzuschliessen sind; auch andere, für die Steuerbemessung belangreiche, Tatsachen sind auf Verlangen zu beurkunden [§ 110]. Die Bemessung kann in Ermangelung eines Bekenntnisses von Amtswegen erfolgen [§ 112]. Die Steuer ist in Quartalraten zu entrichten. Die Vollzugsvorschrift zum II^ten^ Hauptstück des Steuergesetzes [R. G. Bl. 1897, No. 124] enthält noch einige wichtige Bestimmungen. Art. 10 regelt das Verhältnis zu Ungarn, Bosnien und Herzegowina.

Für neu entstehende Gesellschaften verfügt Art. 13, [da zur Zeit der Steuervorschreibung eine Bilanz gewöhnlich noch nicht vorliegen kann und auch noch keine Prämieneinnahme bekannt ist,] dass die Höhe des Aktienkapitales als Grundlage zu dienen hat; bei „Wechselseitigen" findet eine solche provisorische Bemessung nicht statt; hingegen hat gemäss Art. 13 Z. 5 auf Grund der ersten Bilanz die definitive Besteuerung derselben auch für das erste Kalenderjahr ihres Bestandes zu erfolgen. Art. 14 Z. 4 führt aus, dass Versicherungsschäden, auch wenn sie erst angemeldet, aber noch nicht ausbezahlt sind, entsprechend den Regeln einer richtigen Bilanzaufstellung als „Ausgaben" zu passieren sind [vgl. v. Herzfeld, Die Besteuerung der Versicherungsgesellschaften. Strassburg].

Art. 20 (Al. 2) erläutert die Bestimmung des § 94 lit. e, wonach „Spenden, Geschenke, und anderweitige Widmungen, die durch den Geschäftsbetrieb erfordert werden" anrechenbare Ausgabeposten sind, insbesondere auch, dass hierher die seitens mancher Versicherungsgesellschaften an einzelne Feuerwehren gezahlten Beträge gehören.

Die Bestimmung über die Anrechenbarkeit der „Prämienreserven" (§ 95 lit. d) wurde im Art. 23 nachstehends erläutert. Die Bestimmung rücksichtlich der „Prämienreserven" steht im engsten Zusammenhange mit der durch die Ministerialverordnung vom 5. März 1896, R. G. Bl. No. 31 vorgeschriebenen Rechnungslegung der Versicherungsgesellschaften; nach dieser Verordnung (§ 28) müssen die Versicherungsgesellschaften nach bestimmten Grundsätzen berechnete Teile der laufenden Prämieneinnahmen, zur Erfüllung ihrer über das Betriebsjahr hinausreichenden Verpflichtungen reservieren, separat anlegen und in Rechnungen abgesondert und zwar in der Art ausweisen, dass die am Schlusse des Vorjahres vorhanden gewesenen Prämienreserven in der „allgemeinen Betriebsrechnung" des laufenden Jahres als Einnahme eingestellt und die am Schlusse des Jahres vorhandenen „Prämienreserven" als Übertrag auf das nächste Jahr in Ausgabe gestellt werden.

Die in Rede stehende gesetzliche Bestimmung verfügt, dass die Besteuerungsgrundlage für Versicherungsgesellschaften im Anschlusse an die diesen Grundsätzen gemäss aufgestellte Rechnungslegung ermittelt, daher einerseits der Prämienreserveübertrag aus dem Vorjahre unter den Einnahmen, andererseits aber auch der Prämienreserveübertrag auf das folgende Jahr unter den Ausgaben belassen werde. Eine diese Grundsätze ergänzende Bestimmung über die Ermittelung der Besteuerungsgrundlage der Versicherungsgesellschaften enthält der § 97 Abs. 2: Den Prämienreserven gleichzuhalten sind die **„Prämienüberträge“** d. h. die Summe der für Zeiträume über den Schluss des Rechnungsjahres hinaus im voraus bezahlten Prämien. Endlich sind die Dotationen der sog. „Kriegsreserven“, welche behufs Deckung des Kriegsrisikos angesammelt werden, den Hinterlegungen in einem „Spezialreservefonde“ gleichzuhalten und in analoger Anwendung des § 95 lit. f als „anrechenbare“ Ausgabepost zu behandeln.

Im Schlusssatze des § 95 lit. d wird, gleichfalls im Anschlusse an die mit der vorcitierten Ministerialverordnung (§ 33 Z. 9) vorgeschriebene Rechnungslegung, gestattet, dass die bereits fälligen Leistungen aus Versicherungsverträgen, auch wenn sie effektiv noch nicht verausgabt sind, mit den bereits bekannten oder approximativ berechneten Beträgen als „Ausgabe“ eingestellt werden dürfen; da diese sog. „Schadenreserven“ im nächsten Jahre, als Einnahme, die wirkliche Auszahlung der Versicherungsumme aber im nächsten Jahre als „Ausgabe“ erscheinen muss, kann für das Steuergefälle aus der im Gesetze ausgesprochenen Gestattung eine Schädigung nur insoferne erwachsen, als durch die zu hohe Ansetzung der Schadenreserven die Besteuerungsgrundlage des einen Jahres zu Lasten des nächstfolgenden Jahres zu gering berechnet würde; eine Überprüfung der Angemessenheit der von der Unternehmung angesetzten Schadenreserve wird daher im allgemeinen unterbleiben und auch in dieser Beziehung auf die Bestimmungen des Art. 14 Z. 5 verwiesen werden können [vgl. Herzfeld a. a. O.].

Eingehend beschäftigt sich mit den wechselseitigen Versicherungsgesellschaften Art. 40. Bei wechselseitigen Versicherungsgesellschaften beträgt die Steuer eins vom

Tausend der Summe der Jahresnettoprämien (nach Abzug der Prämienrückersätze [Bonus].

Rücksichtlich des Geschäftsbetriebes der wechselseitigen Versicherungsgesellschaften ist von der Ermittelung der Besteuerungsgrundlagen, im Sinne der Art. 14—34, vollkommen abzusehen, da es weder auf die Ermittelung des etwa erzielten Reingewinnes, noch auf die Art seiner Verwendung ankommt; der Massstab für die Besteuerung der „Wechselseitigen Versicherungsgesellschaften" ist vielmehr lediglich in der Höhe der Jahresnettoprämien gelegen, welche in dem der Besteuerung zu Grunde liegenden Jahre vereinnahmt wurden.

Hierbei sind, abweichend von der in der Min.-Ver. vom 5. März 1896, R. G. Bl. No. 31 verwendeten Termilogie, unter den „Jahresnettoprämien" nicht „Nettoprämien" im Gegensatze zu „Bruttoprämien", d. h. jene Prämien, welche nach Abschlag der Regie- und der sonstigen Zuschläge nach dem Versicherungsplane zu Grunde liegenden Wahrscheinlichkeitsberechnung erübrigen müssen, zu verstehen; vielmehr will das Gesetz mit diesem Ausdrucke die tatsächlich eingehobenen Prämienbeiträge der Versicherten nach Abzug der den Versicherten rückvergüteten oder gutgeschriebenen Prämienrückersätze (Bonus) verstanden wissen; demgemäss werden von den im Rechnungsabschlusse ausgewiesenen Prämieneinnahmen nur die daselbst ausgewiesenen Prämienrückersätze (Bonus) in Abzug zu bringen und hiervon die Steuer von ein pro Mille zu bemessen sein. Insbesondere dürfen also auch etwaige „Rückversicherungsprämien" von den Jahresnettoprämien nicht in Abzug gebracht werden.*)

Für die Besteuerung der „wechselseitigen Versicherungsgesellschaften" begründet es keinen Unterschied, ob sie auf dem Kapitaldeckungs- oder aber auf dem Umlageverfahren beruhen, ebenso ist es für die Besteuerung belanglos, ob sie in letzterem Falle die Umlagen nach der wahrscheinlichen Schadenshöhe im vorhinein oder aber erst

*) Vgl. Herzfeld a. a. O.

nach Massgabe der tatsächlich eingetretenen Schäden nach hinein bestimmen und erheben.

Zu erwähnen ist, dass laut § 159 Steu.-Ges., „ausserordentliche Einnahmen aus Lebenskapitalversicherungen" nicht als steuerpflichtiges Einkommen gelten. **Allgemeine Bestimmungen** „betreffend die der öffentlichen Rechnungslegung unterworfenen Unternehmungen" **sind**: Die Bemessungsperiode ist eine **jährliche** (§ 91). Besteuerungsgrundlage ist bei Aktiengesellschaften der **Reinertrag** (§ 92): Das sind: die „bilanzmässigen Überschüsse" ohne Unterschied, ob dieselben als „Zinsen", Dividenden, Tantiemen oder unter welchem Namen und nach welchem Massstabe immer zur Verteilung gelangen, in Reservefonds hinterlegt, auf künftige Rechnung vorgetragen oder sonst verwendet werden (§ 93).

Den bilanzmässigen Überschüssen sind hinzuzurechnen jene darin nicht inbegriffenen Beträge, welche aus den Betriebserfolgen des Geschäftsjahres zu einem der im § 93 ausdrücklich bezeichneten oder zu einem der folgenden Zwecke verwendet werden:

a) zur Vergrösserung des in der Unternehmung erliegenden Kapitals;
b) zu Rückzahlungen auf die von den Teilnehmern in der Unternehmung angelegten Kapitalien, sowie zu derartigen Schuldentilgungen, deren Bestreitung aus den laufenden Erträgnissen zu einer Erhöhung des nach den Grundsätzen einer richtigen Vermögensbilanz zu berechnenden Vermögenssaldo's der Unternehmung führt;
c) zur Verzinsung der in der Unternehmung [in Aktien, Prioritätsaktien, Geschäftseinlagen] angelegten oder gegen hypothekarische Sicherstellung dargeliehenen Kapitalien, soweit sie Teile des Anlagckapitals sind [vgl. Dr. Ritter von Herzfeld a. a. O.: „Die Besteuerung der Versicherungsgesellschaften nach dem neuen Personalsteuergesetze" in der Zeitschrift für Versicherungsrecht von Baumgartner];
d) zur Gewährung von Garantiebeiträgen, Vorschüssen oder Zuschüssen an andere Unternehmungen;

e) zu Spenden, Geschenken und anderweitigen Widmungen, soferne dieselben nicht durch den Geschäftsbetrieb erfordert werden; Remunerationen, welche den Angestellten der Unternehmung für ihre derselben geleisteten Dienste, sowie Krankenbeiträge, welche den Angestellten oder ihren Familien gewährt werden, gelten als durch den Geschäftsbetrieb erforderte Auslagen;

f) zur Zahlung der Erwerbsteuer samt Zuschlägen; dieser Steuer ist die auf Grund der bisherigen Gesetze bemessene Erwerbsteuer, sowie die Einkommensteuer erster und dritter Klasse gleichzustellen;

g) zur Deckung der bilanzmässigen Verlustvorträge aus den Vorjahren.

[§ 95.] Dagegen sind in die „Besteuerungsgrundlage“ nachstehende Posten nicht einzubeziehen, beziehungsweise, falls sie nicht ohnedies schon bei der Berechnung der bilanzmässigen Überschüsse berücksichtigt wurden, in Abzug zu bringen:

a) die bilanzmässigen Gewinnvorträge aus den Vorjahren;

b) die Reinerträge aus Grund- und Gebäudesteuerobjekten;

c) die Prämienreserven;

d) alle von der Unternehmung geleisteten **Passivzinsen** [sofern nicht im § 94 lit. c deren Einbeziehung in die Besteuerungsgrundlage ausdrücklich angeordnet ist]; also insbesondere die von der Unternehmung geleisteten Lombard- und Eskomptezinsen;

e) die Abschreibungen, welche der Abnützung oder Entwertung des Inventars oder Betriebsmateriales, sowie den im Geschäftsbetriebe eingetretenen Substanz-, Kurs- oder anderen Verlusten entsprechen, ferner jene Teile des Erträgnisses, welche aus dem gleichen Anlasse in **besondere Fonde** [Abschreibungs-, Amortisations-, Verlustreservefonde u. dgl.] hinterlegt werden; im letzteren Falle jedoch nur dann, wenn diese Fonde zur Deckung von Abgängen und Verlusten bestimmt bezeichneter Art gewidmet sind und

Verluste und Abgänge dieser Art entweder bereits eingetreten oder als voraussichtliches Ergebnis der Geschäftsverhältnisse zu gewärtigen sind.

II. Das österreichische Privat-Versicherungsrecht.

§ 33.

Der Begriff „des Versicherungsvertrages" nach österreichischem Rechte, unter Bedachtnahme auf die historische Entwickelung und die Neunormierung desselben.

Der Umstand, dass in den letzten Jahrzehnten das Versicherungswesen eine ungeahnte Entwickelung erfahren hatte, brachte es mit sich, dass der Ruf nach einer eingehenden gesetzlichen Regelung dieses Rechtsinstitutes ein immer grösserer wird. Und dieser Ruf ist ein wohlbegründeter!! Drei Faktoren arbeiten daher einmütig darauf hin, dass endlich, wenigstens in den grossen europäischen Kulturländern, dieser wichtige volkswirtschaftliche Zweig so gesetzlich geregelt werde, dass jeder Versicherte und Versicherer eine feste Norm besitze, nach welcher allfällig vorkommende Rechtsstritte zu entscheiden sind. Diese drei Faktoren sind: die Versicherungsnehmer, die Versicherungsgesellschaften und last not least die Regierungen. Denn namentlich letzteren ist es daran gelegen, dass endlich der Zustand, zufolge welchen, sowohl die Versicherer, als die Versicherungsnehmer lediglich auf einzelne „Versicherungsbedingungen" gewiesen sind, aufhöre, und die beteiligten Kreise ein ordnungsmässig promulgiertes Gesetz, welches ihre Rechtsverhältnisse genau bestimmt, besitzen.

Im Urentwurfe [vgl. „Der Urentwurf und die Beratungsprotokolle des österr. allg. bürgerl. Gesetzb.", herausgegeben von Dr. Julius Ofner, Wien 1888.] des allgem. bürgerl. Gesetzbuches wurde der Versicherungsvertrag in den §§ 370—379 des dritten Teiles des a. b. G. B. behandelt und zwar im elften Hauptstücke, welches von den „Glücks- und Wageverträgen" handelte. In diesem

Urentwurfe lautete die Definition des Versicherungsvertrages (§ 370) so: „Wenn Jemand die Gefahr des Schadens, welcher einen“ „anderen treffen könnte, auf sich nimmt, und ihm gegen einen“ „gewissen Lohn den bedungenen Ersatz zu leisten verspricht, so“ „entsteht der Versicherungskontrakt.“ In diesem Urentwurfe wurde das Hauptgewicht auf die „Schriftlichkeit“ des Vertrages gelegt. Die Auffassung, der Versicherungsvertrag sei keineswegs zu den „Glücks- und Wageverträgen“ zu zählen, ist jetzt die allgemeine, sowohl in der Praxis, als in der Doktrin anerkannte. Bei der früher geringeren Verbreitung des Versicherungswesens, bei dem Mangel der Wissenschaft „der Versicherungsmathematik“, bei den geringen versicherungs-statistischen Materialien zur Zeit der Entstehung des bürgerlichen Gesetzbuches war es begreiflich, dass die Versicherungsverträge in diese Kategorie von Verträgen eingereiht wurden. Die wichtigsten Bestimmungen des Urentwurfes lauteten (§ 372): „Wenn der Versicherungsvertrag“ „gültig sein soll, so muss er **schriftlich** abgefasst oder in das“ „Tagebuch eines beglaubigten Maklers eingetragen werden,“ „auch müssen darin der Gegenstand des Kontraktes, die Namen“ „der Kontrahenten, der bedungene Lohn und die auf den be-“ „sorgten Unfall zu leistende Vergütung ausdrücklich bestimmt“ „werden.“ Das Hauptgewicht wurde im Urentwurfe auf die Unfallversicherung gelegt. Darunter sind jedoch selbstverständlich die Unfälle, die bei der **Transport**versicherung vorkommen, zu verstehen. (§ 347) „Ereignet sich der Unfall, so muss der Ver-“ „sicherte, wenn kein unüberwindliches Hindernis dazwischen“ „gekommen, oder nicht anderes verabredet worden ist, dem“ „Versicherer in derjenigen Zeitfrist davon Nachricht geben, welche“ „bereits zur Abgabe eines Versprechens zwischen Abwesenden“ „bestimmt worden ist.“ (§ 375) „Wer den Unfall nicht zur ge-“ „hörigen Zeit anzeigt, oder denselben nicht erweisen kann, verliert“ „den Lohn und hat so wenig Anspruch auf eine Vergütung, als“ „derjenige, welcher durch unterlassene Verzollung oder durch eine“ „verabsäumte Verwahrung der Ware sich den Schaden selbst zu-“ „gezogen hat.“

Ein Vergleich des Urentwurfes mit dem derzeit geltenden allgem. bürgerl. Gesetzbuche vom Jahre 1811 ergibt, dass lediglich die §§ 370, 371, 377, 378. in dasselbe übernommen wurden. Die anderen Bestimmungen entfielen entweder ganz, oder wurden nur teilweise übernommen. Der Vorentwurf bezeichnet die „Bodmerei“ als „Wette“ oder als „Gesellschaftsvertrag“. Eine zu Gunsten der Versicherungsgesellschaften statuierte Bestimmung enthielt der § 373: „Haben die Kontrahenten noch andere Be-“ „dingungen verabredet: z. B. die Person des Fuhrmannes, die Zeit“ „der Fahrt, den Ort der Aus- oder Abladung und dergleichen, so“

„darf der Versicherte für sich allein nicht davon abweichen. —“ „Weicht er ab, so ist der Versicherer zu keiner Entschädigung“ „verbunden; obwohl er berechtigt bleibt, den Versicherungslohn“ „zu behalten.“ — Der Entwurf behandelt die „Bodmerei“ gleichzeitig als „Darlehensvertrag“ (§ 378). „Wenn bares Geld“ „auf ein Schiff gegen einen Teil des Gewinnes oder gegen ausser-“ „ordentliche Zinsen mit der Bedingung geborgt wird, dass, wenn“ „das Schiff ohne Verschulden des Anleihers zu Grunde geht, auch“ „die Forderung des Darleihers erloschen sein soll, so entsteht ein“ „Darlehensvertrag, welcher insbesonder **‚Bodmerei‘** genannt“ „wird.“ —

Dass bereits im Entwurfe dem Grundsatz Rechnung getragen wurde, es sei keine Überversicherung zu dulden, dieses bewies die Bestimmung des § 376.

Unter „Überversicherung“ versteht man diejenige Versicherung, durch welche nicht nur die Vergütung des gänzlichen Schadenersatzes, sondern die Zuwendung eines besonderen Vorteiles gewährt wurde. Der § **376** lautete: „Der Versicherte darf durch den Verlust der“ „Sache nichts mehr als **durch** ihre Rettung erhalten.“ Aus diesem Grunde muss der „bedungene Lohn“ immerhin von den wahren Schätzungswerte der zu versichernden Sache abgezogen werden. „Dem redlichen Versicherer gebührt in jedem Falle der Lohn.“ Der Versicherte hingegen erhält die Schadloshaltung nur, wenn sich der Unfall wirklich ereignet „hat“. Eine besondere Form, wie der Versicherungsvertrag abgefasst sein soll, war im § 372 des Urentwurfes des allgem. bürgerl. Gesetzbuches enthalten; eine Norm, welche in das derzeit gültige allgem. bürgerl. Gesetzbuch (unseres Erachtens nicht ganz mit Recht) nicht herübergenommen wurde. § 372 des Urentwurfes des allgem. bürgerl. Gesetzbuches lautete: „Wenn der Versicherungskontrakt gültig sein soll, so muss er“ „schriftlich abgefasst oder in das Tagebuch eines beglaubigten“ „Maklers eingetragen werden; auch müssen darin: der Gegenstand“ „des Kontraktes, die Namen der Kontrahenten, der bedungene“ „Lohn und die auf den besorgten Unfall zu leistende Vergütung“ „ausdrücklich bestimmt werden.“ —

In der am 7. Oktober 1805 stattgehabten Sitzung, bei welcher der L.G.Pr. von Hann den Vorsitz führte, und welcher die Hofräte von Sonnenfels, von Aichen, von Ehrenberg, von Liro, von Pittreich, von Zeiller, von Schappel beiwohnten, wurde das 11. Hauptstück, mit der nach Antrag des Referenten erfolgten Überschrift „Von den Glücksverträgen“ [in welchem (§ 370—377) der Versicherungsvertrag behandelt wird] in Beratung gezogen. [Vgl. „Der Urentwurf“ „und die Beratungsprotokolle des österreichisch. allgem. bürgerl.“ „Gesetzbuches“, herausgegeben von Dr. Julius Ofner, Wien 1889.] Bei § 370 des allgem. bürgerl. Gesetzbuches war die Wiener juristische Fakultät der Ansicht, es würde nach dem allgemeinen Sprachgebrauche in der fünften Zeile zu sagen sein: „Assekuranzvertrag“ [vgl. S. 165: die Beratungsprotokolle, 11. Bd., Ofner a. a. O.]. Der Kommission fiel das Wort „Lohn“ auf, indem dasjenige, was dem Versicherer gegeben wird, wohl kein „Lohn“, keine Belohnung, sondern der bestimmte „Preis“, die bedungene „Abgabe“ sei, für welche der Versicherer die Entschädigung bei eingetretenem Unglücke auf sich nimmt. Bisher sei dafür der Ausdruck „Prämie“, „Prim“ überall üblich gewesen, welchem die Benennung „Preis“ am nächsten komme. Der Vizepräsident stimmte für die Bezeichnung der „Prämie“ durch die Benennung „Abgabe“. Nach der Mehrheit der Stimmen musste anstatt des Wortes „Lohn“ „Preis“ gesetzt werden [S. 165. Ofner a. a. O.].

Eine grosse Debatte rief in der Beratungskommission die Frage auf, wie die Bestimmungen über den zu ersetzenden „Wert“ des versicherten Gegenstandes zu lauten hätten, hervor. von Sonnenfels bemerkte, es sei nicht immer der „Schätzungswert“ als Norm anzunehmen, sondern es muss stets derjenige Wert, über welchen die kontrahierenden Personen **übereingekommen** waren, als der berechtigte angesehen werden; von Aichen erklärte, dass der wesentliche Inhalt dieses Paragraphen (§ 376) bloss darin bestehe: „dem redlichen Versicherer gebührt jederzeit der Lohn, dem redlichen Versicherten der wahre versicherte Wert“, wenn der bedungene Unglücksfall eingetreten ist. Alles übrige sei entbehrlich; denn, habe der Assekurant die „Prämie“ vorausbekommen, so brauche er nichts abzuziehen; habe er sie nicht bekommen, so möge er sie nur abziehen [vgl. Ofner S. 168. 169 a. a. O.]. — von Scheppel brachte vor, dass er keinen Unterschied machen würde, ob eine Schadloshaltung bedungen worden sei oder nicht. Der Vizepräsident erklärte den ganzen Paragraph für unnütz, denn er enthält bloss, dass keiner mehr bekommen soll, als ihm gebühre; dies erkläre schon der § 370, welcher sagt, dass der Versicherer angewiesen sei, einen ganz bestimmten Lohn zu bekommen; sei ein Ersatz in genere zu leisten, so muss, gleich den anderen Fällen, der „Schätzungswert“ zur Richtschnur genommen werden. Überhaupt sei dieser Kontrakt ein **„contractus aleatorius“**, bei welchem man nichts im Gesetze vorschreiben, sondern das **meiste** bloss dem Übereinkommen der Parteien überlassen muss.

Überblicken wir diese historische Entwickelung der Entstehungsgeschichte des Begriffes des „Versicherungsvertrages“, wie derselbe in dem auch heute noch in Österreich geltenden allgem. bürgerl. Gesetzbuche vom Jahre 1811 zum Ausdrucke kam, so finden wir, dass bereits diesen Gesetzgebern die Schwierigkeiten dieses Rechtsverhältnisses und die Gefahren, die der Abschluss eines solchen Vertrages für den Versicherungsnehmer nach sich ziehen könnte, wohl bewusst waren; deshalb wurde damals das Erfordernis der Schriftlichkeit betont, um so eine Waffe dem Versicherungsnehmer gegen allfällige Einwendungen des Versicherers zu bieten; ein Erfordernis, welches jedoch lediglich im Entwurfe stipuliert wurde, in das Gesetz dagegen nicht herübergenommen wurde, wohl offenbar, um möglichste Vertragsfreiheit den Kontrahenten zu gewähren. Die Bestimmungen des derzeit noch geltenden österreichischen Rechtes über den „Versicherungsvertrag" entsprechen keineswegs der modernen Auffassung, welche wir vom Versicherungswesen und den Verträgen, die in diesem wichtigen volkswirtschaftlichen Gebiete abgeschlossen werden, besitzen. Wir können auch die Beobachtung machen, dass sich auf dem Gebiete des österr. Versicherungsrechtes keineswegs eine konstante Praxis ausgebildet hat; dem österreichischen Richter fehlt daher eine Handhabe bei Fällung des Urteils fast zur Gänze [vgl. „Die Grundlagen des österreichischen Assekuranzrechtes" von Dr. Leo Derblich in Prag, 1895, S. 24]. Damit der österreichische Richter eine Handhabe bei Fällung des Urteils, deren er dringend bedarf, besitze, wurde bereits im Jahre 1870 vom Justizministerium ein Gesetzentwurf ausgearbeitet und zur Begutachtung an die zur damaligen Zeit berufenen Behörden versandt. Leider ist er nicht zum Gesetze erhoben worden und so laborieren wir alle noch an der Mangelhaftigkeit der Bestimmungen des allgem. bürgerl. Gesetzbuches vom Jahre 1811. Aus der genauen Betrachtung der Beratungsprotokolle leuchtet hervor, dass bereits damals die Gesetzgeber daran dachten, eine **urkundliche** Feststellung des Vertragsinhaltes zur **obligatorischen** Verpflichtung den Vertragsparteien zur Pflicht zu machen. Vom Standpunkte der lex lata müssen wir auch einen „mündlich abgeschlossenen" Versicherungsvertrag als vollkommen zu Recht bestehend anerkennen. Welche Gefahren dieser Rechtsatz mit sich bringt, ist einleuchtend. Deshalb wird von den modernen Gesetzgebern die urkundliche Feststellung des Vertragsinhaltes gefordert [vgl. Art. 13 des Entwurf. zu einem schweizerischen Bundesgesetze über den Versicherungsvertrag, verfasst von Prof. Rölli in Zürich. Leipzig 1896]. — „Der Versicherer ist gehalten, dem Versicherungsnehmer" „eine von ihm unterschriebene Urkunde (Police) über die Rechte" „und Pflichten der Parteien, sowie auf Verlangen eine Abschrift" „der in dem Vertrage enthaltenen oder anderweitig abgegebenen" „Erklärungen des Versicherers, auf Grund deren die Versicherung" „abgeschlossen wurde, auszuhändigen." Dass die schriftliche Form als gesetzliche Perfektionsform auch in letzter Zeit nicht verlangt wird, findet seinen Grund darin, dass das moderne Geschäftsleben den Formalgeschäften abhold ist, da dieselben die Parteien beengen und die Gefahr schaffen, dass öfters ernst gemeinten

Willensäusserungen wegen Formwidrigkeit die Rechtskraft versagt wird. Gänzlich unerörtert liess das derzeit noch in Österreich gültige bürgerl. Gesetzbuch die Frage, ob zum Inkrafttreten des Versicherungsvertrages es notwendig ist, dass der Versicherungsnehmer die „erste Prämie" berichtigt. Wir finden diesbezüglich die österreichische Judikatur, wie bereits früher angeführt, [vgl. § 3], kontrovers. Massgebend werden vor allem die Statuten der Versicherungsgesellschaft, mit welcher der Vertrag abgeschlossen wird, sein. Unseres Erachtens kann jedoch aus dem § 1288 a, b G. B. keineswegs die Notwendigkeit einer Leistung einer Prämie behufs Gültigkeit des Versicherungsvertrages gefolgert werden. § 1288 des allgem. bürgerl. G. B. lautet: „Wenn jemand die" „Gefahr des Schadens, welcher einen anderen ohne dessen Ver-" „schulden treffen könnte, auf sich nimmt und ihm gegen einen" „gewissen Preis den bedungenen Ersatz zu leisten **verspricht,**" „so entsteht ein Versicherungsvertrag. Der Versicherer haftet dabei" „für den zufälligen Schaden und der Versicherte für den ver-" „sprochenen Preis." Unseres Erachtens ist daher die Ansicht, dass gesetzlich die Leistung einer Prämie behufs Abschlusses des Versicherungsvertrages erfordert wird, unrichtig und lässt sich aus dem Begriffe des Versicherungsvertrages, wie ihn das österr. a. b. G. B. feststellte, nicht deduzieren. Es ist der Versicherungsvertrag vom Standpunkte des derzeit noch geltenden Gesetzes nach österreichischem Rechte als „Konsensualkontrakt" aufzufassen. — Auch der Entwurf des schweizerischen Gesetzes, welcher auf dem Standpunkte der herrschenden Jurisprudenz steht [vgl. Motive zum Entwurfe. Rölli. S. 27], behandelt den Versicherungsvertrag als „Konsensualkontrakt" im Gegensatze zu einer auch heute noch vertretenen Anschauung, dass zur Perfektion dieses Vertrages die obligandi causa erfolgte Zahlung der „Prämie" gefordert wird. — [Vgl. **Bähr**, „Entwurf," § 6. — **Rölli,** „Entwurf zu einem schweizerischen Bundesgesetz" a. a. O. — Ehrenberg, G. B., S. 268, No. 44. — Dr. Leo Derblich, „Versicherungsrechtliche Klagen nach österreichischem Rechte," Wien 1895.] Unseres Erachtens muss, bei Verfassung eines neuen österreichischen Versicherungsgesetzes der Umstand, ob zum Abschlusse „Schriftlichkeit" notwendig, weiters, ob der Versicherungsvertrag als „Real- oder Konsensualvertrag" aufzufassen sei, genau berücksichtigt werden. —

Das österreichische Gesetzbuch spielt die ganze Frage, betreffend die privatrechtliche Regelung des Versicherungswesens, auf das Gebiet der „Glücksverträge" hinüber. Nach der allgemeinen modernen Rechtsanschauung, welche sich in der einschlägigen neueren Literatur offenbart, kann der Versicherungsvertrag nicht mehr unter die „Glücksverträge" eingereiht werden. De lege ferenda werden wir dafür plädieren müssen, dass abgesondert der „Lebensversicherungsvertrag" sowie der „Sachversicherungsvertrag" gesetzlich geregelt werden soll. Es muss bei gesetzlicher Regelung dieses Rechtsinstitutes der Grundsatz: „L'assurance sur la vie constitue un capital" beachtet werden. [Vgl. Histoire generale de l'assurance en France et de l'etranger par Georges Hamon.] Die dermaligen gesetzlichen Bestimmungen des allgem. österr. bürgerl. Gesetzbuches geben auch keinen genügenden Schutz bei den in dem Gebiete des Versicherungswesens vorkommenden Rechtsverletzungen. Die Unvollkommenheit des Rechtsschutzes zeigt sich insbesondere dann, wenn man an dem Gesichtspunkte festhält, dass die Basis der Versicherungsklage nur und ausschliesslich der „Versicherungsvertrag" bildet. Die Natur dieses Rechtes lässt sich in nachstehenden Sätzen zusammenfassen: Nur der **ordnungsmässig** abgeschlossene Versicherungsvertrag gibt dem Versicherten ein klagbares Recht. Die Versicherungsgesellschaft trifft daher keine Schadenersatzpflicht, falls der Versicherungsvertrag nicht in ordnungsmässiger Form zustande gekommen war, daher demselben ein Mangel anhaftet, der ihn nach allgemeinen Rechtsgrundsätzen als „nichtig" darstellen kann.

Die wichtigsten Voraussetzungen bei Geltendmachung eines Klagsanspruches nach dem dermaligen österr. allgem. bürgerl. Gesetzbuche [vgl. Dr. Leo Derblich, „Versicherungsrechtliche Klagen nach österreichischem Recht," Wien 1895; vgl. auch E. d. o. G. vom 12. Dezember 1885, Z. 12 297, Gl. Ung.; weiters Glaser, „Beiträge zur Reform des österreichischen Civilprozesses," Manz, Wien 1883] **sind: 1.** Der Nachweis eines ordnungsmässig abgeschlossenen Versicherungsvertrages und **2.** die Tatsache des wirklich vorgefallenen Unglücksfalles (Tod, Brand, Unfall etc.). Diese bilden das Fundament der Klage. Unter Festhaltung dieser Grundsätze wird der österreichische Richter öfters nicht nur nach dem starren Rechte, sondern auch nach Billigkeitsrücksichten, insbesondere bei dem Nichtvorhandensein notwendiger gesetzlicher Grundlage entscheiden. Kein Staatswesen, dessen Gesetzgebung, seine das Recht fortbildende Organe ihre Aufgabe richtig auffassen, wird es zulassen, dass unverkennbarer Unbilligkeit stattgegeben werde, weil die Rechtsregel zu starr ist, dieser Unbilligkeit beizukommen. Der Wert eines Rechtssystems [vgl. Glaser, „Die Lehre vom Haupteide im Entwurfe der Civilprozessordnung," 1867; vgl. auch Glaser, „Das geistige Eigentum mit Rücksicht auf die Kunst"] hängt daher auch davon ab, dass es die Möglichkeit bietet, nicht nur demjenigen, welcher in der Lage ist, den striktesten Beweis seines Rechtes zu liefern, zu seinem Rechte zu verhelfen, sondern auch, dass es den Forderungen der Billigkeit entspricht, so dass es auch demjenigen, dessen Forderung allgemein als billig anerkannt wird, zur Durchsetzung seines Anspruches im Klagewege verhelfen kann. Dieser Grundsatz wird bei der bevorstehenden Neunormierung dieses eminent wichtigen, volkswirtschaftlichen Rechtsinstitutes gewiss auch Berücksichtigung finden.

---

§. 34.

Der Lebens-Versicherungs-Vertrag.

Unter sämtlichen Versicherungsverträgen nimmt der Lebensversicherungsvertrag eine ausserordentliche Stellung ein. Während bei dem Abschlusse von „Sachversicherungsverträgen" auf seite der Versicherten das Motiv zum Eingehen dieses Vertrages lediglich die Sorge wegen Sanierung der etwa später entstehenden Schäden bildet, liegt bei dem Abschusse eines Lebensversicherungsvertrages auch ein ethisches Moment zu Grunde. Der Versicherungsnehmer beabsichtigt, durch Abschluss dieses Vertrages, die Sicherung hinreichender Subsistenzmittel, im Falle seines Ablebens für seine Hinterbliebenen oder für sich, im Falle der Erwerbsunfähigkeit, unter Fixierung eines Zeitpunktes. Die rechtliche Natur des Lebensversicherungsvertrages ist eine ausserordentlich bestrittene und wurden, wie bereits früher erwähnt, ganze Kategorieen über dieselbe aufgestellt [vgl. Hermann Dietrich „Die rechtliche Stellung des Gläubigers eines überschuldeten Nachlasses zur Versichrung des Erblassers". Leipzig 1893]. Zufolge der ältesten Theorie [Keuscher, Schlink, Staudinger] wurde der „Lebensversicherungsvertrag" dem allgemeinen Begriffe der „Versicherung" untergeordnet; von einigen [Eichorn, Walter, Mittermaier, Windscheid, Herrmann, Gerber] als sog. „gewagtes Geschäft" aufgefasst, von Endemann als „bedingtes Versprechen einer Summe" von Thöl, Laband als „Darlehen", von neueren Assekuranzlehrern als „Sparkassavertrag" angesehen. [Vgl. der Lebensversicherungvertrag als „reiner Sparkassavertrag" [„österreichische Revue"]. Richtig ist jedenfalls, dass der

„Lebensversicherungsvertrag“ der „Schadenversicherung“ nicht vollkommen gleichgestellt werden kann, und dass daher die allgemeinen versicherungsrechtlichen Gesetze nicht ohne weiteres auf denselben angewendet werden können, vielmehr die aus dem Lebensversicherungsvertrage entspringenden Rechtsverhältnisse einer besonderen Normierung bedürfen.

Die „Lebensversicherung“ besteht in dem Sammeln ersparter Summen und in deren Ausfolgung in einem bestimmten oder nicht bestimmten Zeitpunkte; und wird deshalb der Lebensversicherungsvertag direkt als „Sparversicherungsvertrag“ angesehen. [Vgl. Dr. Hugo Beck „Das ungarische Versicherungsgesetz“ 1885.]

Allerdings ist auch bei Abschluss des „Lebensversicherungsvertrages“ ein Risiko, sowohl auf seite des Versicherers als auch auf seite des Versicherten vorhanden.

Die Lebensversicherung bezweckt nicht Schadenersatz [vgl. Dr. Johannes Michelstädt, Leipzig „Die Lebensversicherung in ihrem Verhältnisse zur Schadenversicherung“, Berlin 1894]; deshalb ist sie auch nicht eine sog. „echte Schadenversicherung“, sondern sie ist eine Versicherung durch Summenversprechen [Michelstädt a. a. O. Seite 357].

Die Leistung, welche der Versicherer bei dem Abschlusse des Vertrages verspricht, besteht in der bedingten Zahlung einer Geldsumme. Es kann auch von einer rechtlichen Verpflichtung des Versicherers zur Anlage einer „Prämienreserve“ an und für sich nicht die Rede sein. Doch sind die Versicherungs-Gesellschaften nach dem Assekuranz-Regulative vom Jahre 1880 zu einer solchen verpflichtet. Eine erschöpfende Literaturangabe, betreffend den Lebensversicherungs-Vertrag, findet sich im Artikel: „Die Versicherungsgeschäfte“, bearbeitet von Professor Dr. König in Bern, Seite 776 im Handbuche des Handelsrechtes von Endemann. — Vgl. auch:

Laband: Die juristische Natur der Lebensversicherung. Strassburg 1879.

Staudinger: Die Rechtslehre vom Lebensversicherungs-Vertrag. 1858.

Hoffmann: Der Lebensversicherungs-Vertrag und die

für denselben geltenden Rechtsgrundsätze im Lichte der Entscheidungen des deutschen R. O. H. G. Berlin 1873.

Scheren: „Unterliegt die Versicherungssumme dem Zugriffe der Gläubiger?" [Iherings Jahrbücher.]

A. Dierl: „Civilrechtsfall als Beitrag zu den Versicherungsverträgen." Jurist 3. Bd. Seite 37.

A. Dierl: Civilrechtsfall als Beitrag zur Lehre von Versicherungsverträgen. Jurist 11. Bd. Seite 415.

C. Th. Hohler: Civilrechtliche Erörterung des § 1287 des a. b. G. B. über gesellschaftliche Versorgungsanstalten. [Zeitschrift für die österreichische Rechtsgelehrsamkeit Jahrgang 1828 2. Bd. Seite 97.]

Max W....z...ch: Eine Skizze über den Versicherungsvertrag. [Jurist 18. Bd. Seite 257.]

Ponget: *Assurances sur la vie.* Paris 1855.

Molineau: *Jurisprudence des assurances sur la vie.* Paris 1883.

Labauve: *Traité theorique et pratique des assurances terrestres.* Paris 1884.

Malss: Betrachtungen über einige Fragen des Versicherungsrechtes. Frankfurt a. M.

Rademacher in Malss: „Zeitschrift für Versicherungsrecht" Bd. 1 Seite 3.

Friedrich Pick: „Der juristische Charakter der Lebensversicherung." Zürich 1884.

von Lichtenfels: „Über einige Fragen des Binnen-Versicherungs-Vertrages." Wien 1870.

Rüdiger: „Die rechtliche Natur des Lebensversicherungs-Vertrages." München 1887.

Vibert: „*Le contrat d'assurance sur la vie.*" Paris 1887.

Vivante: *Il contratto di assicurazione.* Vol. III. *Assicurazioni sulla vita Milano* 1887.

Buff: „Über einige Fragen aus dem Gebiete der Lebensversicherung." Giessen 1881 S. 24.

Elster: „Die Lebensversicherung in Deutschland." [Jena 1880.]

Adan: *Sur la nature de l'assurance sur la vie.* [Bruxelles 1876.]

§ 35.

Der Vertragsabschluss bei dem Lebensversicherungsvertrage.

Die Grundlage des Versicherungsvertrages bildet die **Deklaration,** d. i. die Angabe über das Alter des Versicherten, seinen Wohnort, Stand und Gesundheitszustand.

Jede Verheimlichung, jede falsche Angabe, die auf die Haftung der Versicherungsgesellschaft einen nachteiligen Einfluss übt, kann von Rechtswegen die Auflösung der Versicherung zur Folge haben. Bei einem Handelsgeschäfte [wie es der Versicherungsvertrag ist] ist nach Art. 278 H. G. B. nicht an dem „wörtlichen Ausdrucke" zu haften, sondern der **Wille** der Parteien ist zu erforschen und zu beachten [vgl. E. d. o. G. vom 12. April 1876 Z. 14350 Pollaczek]. Der Versicherungsvertrag wird durch Annahme des Antrages des Versicherten seitens der Versicherungsgesellschaft abgeschlossen. Die Urkunde, welche die Versicherungsgesellschaft ausstellt, heisst Police.

Diese Urkunde kann nun derart abgefasst sein, dass darin der Name (Stand etc.) desjenigen, an welchen in einem bestimmten Zeitpunkte eine Summe ausgezahlt werden soll, genau angeführt ist, oder auch darin gar nicht enthalten ist. In letzterem Falle erhält die Police den rechtlichen Charakter eines Papiers „au porteur". Soll bereits zu Lebzeiten des Versicherungsnehmers zu Gunsten eines Dritten ein unwiderrufliches Recht begründet werden, so dienen dazu bestimmte Arten von Versicherungen, z. B. die Überlebensversicherung oder die Versicherung auf das „verbundene Leben", wonach die Versicherungssumme bei dem Tode des Vorabsterbenden gezahlt werden muss [vgl. „Die Versicherungsgeschäfte" von Prof. Dr. König zu Bern in dem Handbuche des Handelsrechtes, herausgegeben von Endemann]. Diese Verträge werden unter Mitwirkung mehrerer Beteiligten abgeschlossen und können einseitig **nicht** abgeändert werden.

Rechtsungültige Abgabe einer **Erklärung.**

Erklärt der Versicherungsagent bei Vorbringung eines Versicherungsantrages, dass die Unterschreibung des Nationales „zu gar nichts verbinde“ und wird ein solches Nationale vom Versicherungsnehmer unterschrieben, so liegt, ungeachtet sich in diesem Nationale die Bestimmung findet, dass im Falle der Versicherungsantrag nicht angenommen wird, der Unterzeichner zur Zahlung von 2 Prozent der Versicherungssumme als Entschädigung für die Auslagen der Gesellschaft verpflichtet ist, dennoch keine rechtliche Verpflichtung des Unterzeichners dieses Nationales vor. Denn es geht in einem solchen Falle nicht an, sich in strikter Anwendung des § 887 a. b. G. B. auf die Beurteilung des geschäftlichen Vertrages und der durch die Ausstellung der Police dokumentierten Annahme dieser Offerte seitens der Gesellschaft zu beschränken; in diesem Falle ist der Urkundeninhalt nicht das einzige massgebende Material für die Prozessentscheidung.

Hat sich der Unterfertigte zur Meinung veranlasst gefunden, dass er durch die Unterzeichnung der ihm vorgelegten Schrift **keine** Verbindlichkeit auf sich nimmt, und hat er in **dieser Voraussetzung** der Urkunde seine Unterschrift beigesetzt, so kann er als zur Zahlung der Prozentualsumme nicht verpflichtet angesehen werden. [Dieser vom obersten Gerichtshofe öfters ausgesprochene Rechtssatz kann jedenfalls bestritten werden.]

Wenn auch der Unterzeichner der Urkunde seine Untersuchung durch den Arzt der Gesellschaft geschehen liess, so kann derselben eine selbständige Bedeutung nicht beigemessen werden, da diese Untersuchung sich als blosse Konsequenz des Vorausgegangenen darstellt [E. d. o. G. H. v. 15/1. 1889, Z. 14 664, No. 12 555, Gl.-Ung.].

---

§ 36.

Vertragsmässige Festsetzung einer Präklusivfrist zur Klage des Begünstigten, für den Fall der Ablehnung des Anspruches desselben durch die Versicherungsanstalt.

Ist die Versicherungsanstalt berechtigt, eine Präklusivfrist zur Geltendmachung der Ansprüche aus dem Versicherungsvertrage festzusetzen? Ist die Festsetzung derselben, falls sie in den sog. „Versicherungsbedingungen“ erfolgt, zulässig und rechtlich zu schützen? Es wird sowohl in der Wissenschaft, als auch in fast allen Gesetzgebungen die Notwendigkeit anerkannt, die Forderungen aus dem Versicherungsvertrage einer kurzen Verjährungsfrist zu unterwerfen [vgl. Ungarn, H. G. B. § 487 (einjährig), Belgien, H. G. B. Art. 32 (3 Jahre), Italien, H. G. B. Art. 924 (einjährig), Züricher Gesetzbuch § 531, Entwurf der österr.-ungar. Assek. § 65 u. 66 (6 Monate, 1 Jahr)]. Deshalb unterwirft auch der Art. 45 Abs. I des Entwurfes zu einem schweizerischen Gesetze über den Versicherungsvertrag alle Ansprüche aus dem Versicherungsvertrage einer Verjährungsfrist von zwei Jahren und erklärt, soweit das Gesetz nichts anderes verfügt, Vertragsverabredungen, die den Anspruch gegen den Versicherer einer zeitlich kürzeren Beschränkung unterwerfen, für unzulässig. Nach dem jetzigen österreichischen Rechte ist eine Beschränkung behufs Feststellung einer vertragsmässigen Präklusivfrist nicht vorhanden. Weder der § 1502 a. b. G. B., noch irgend welche andere gesetzliche Bestimmungen verwehren es, den Parteien, für die Geltendmachung der aus einem Vertragsverhältnisse entspringenden Ansprüche, im allgemeinen oder insbesondere im Falle des Entstehens von Differenzen eine Präklusivfrist zu vereinbaren. Eine solche Vereinbarung lässt sich auch vom Standpunkte des positiven Rechtes deshalb nicht beanstanden [vgl. E. d. o. G. H. vom 20. März 1889, Gl. Ung. Bd. 27], weil der in der Abkürzung von Schwebezuständen bestehende Zweck dieser Vereinbarungen keineswegs in dem einseitigen Interesse der Versicherungsnehmer allein gelegen ist. Es kann daher auch eine Einwendung des Versicherungsnehmers, es sei die betreffende Präklusivfrist weder in dem Statute noch in der Police bedungen worden, sondern dieselbe sei in den Versicherungsbedingungen festgesetzt, nicht berücksichtigt werden, ebensowenig, dass etwa eine viermonatliche Frist als eine Minimalfrist aufzufassen wäre, die gesetzlich nicht zulässig sei, da die Regelung dieser Angelegenheit bereits durch die „allgemeinen Bedingungen“ der Versicherungsanstalten im

§ 10 der Ministerialverordnung vom 18. VIII. 1880 R. G. Bl. zur Pflicht gemacht wurde.

---

§ 37.

Die Versicherungspolice au porteur. Einfluss der Cession eines Teiles der Versicherungssumme durch den Versicherten.

Ist der Inhaber einer Police zum Begehren des gerichtlichen Erlages der Versicherungssumme berechtigt?

Diese Frage wird von den neueren Assekuranzschriftstellern nicht näher behandelt. Onciul [„Der Versicherungsvertrag nach österr. Rechte", Wien 1896] nimmt selbst zu dieser Frage nicht weiter Stellung, als dass er auf S. 168 die „Versicherungsbedingungen" — „über die einzelnen Modalitäten der Versicherung" citiert und dann anführt: „Die" „Police kann jederzeit cediert werden und zwar unbedingt" „oder bloss bedingt, d. h. zur Sicherstellung des Cessionars" „wegen der ihm gegen den Versicherten zustehenden" „Forderung. Durch Cession der Police wird dem Cessionar" „und dessen Rechtsnachfolger vertragsmässig das Recht" „eingeräumt, das Versicherungskapital zur Verfallszeit" „ganz oder teilweise zu beheben. Der Versicherer wird" „dem Cessionar gegenüber durch Cession verpflichtet," „wenn letztere den Versicherer denunziert und von diesem" „auf der Police vermerkt wurde. Für den Vermerk wird" „meist eine besondere Gebühr eingehoben." Hauenschild [„Die Lebensversicherung nach österr. Privatrecht", Berlin 1901] bezeichnet [S. 38] die zu Gunsten „des Überbringers" oder „Inhabers" lautenden Papiere als kein „vollkommenes Inhaberpapier"; und erklärt: „die Police bleibe nach" „wie vor ‚nur ein Legitimationspapier', allein durch diese" „Klausel würde die Gesellschaft der Verpflichtung enthoben," „die Legitimation des Begünstigten zu prüfen." Unseres Erachtens hat, in dem Falle einer Cession der „Police au porteur“ an eine bestimmte Person, diese Police hierdurch die Natur des Inhaberpapieres verloren, und falls die Versicherungsgesellschaft von der Cession verständigt war, hat sie jedenfalls die Verpflichtung, die Legitimation des Benefiziaten zu prüfen. Die Berechtigung des Cessionars, den gerichtlichen Erlag im Grunde des § 1425 oder nach § 1035, bezw. § 455 d. a. B. G. B. zu verlangen, erscheint uns nicht begründet, weil die diesbezüglichen Voraussetzungen im vorliegenden Falle nicht vorhanden sind [vgl. E. d. o. G. H., Wien, vom 9. Juli 1890, Bd. 28 El. U.; vgl. auch E. v. 14. 10. 1875, Z. 8136, St. 5882].

Sollte jedoch der Inhaber einer Police au porteur, welcher gleichzeitig Cessionar des Versicherungsnehmers ist, nicht das Recht haben, zu verlangen, dass im Todesfalle des Versicherungsnehmers die Versicherungssumme sofort zu Gericht erlegt werde? Wir können die diesbezüglich gefällten, dem Ansuchen des Cessionars nicht stattgebenden Entscheidungen als nicht begründet anerkennen. Es erscheint uns namentlich die Bestreitung der Aktivlegitimation des Cessionars unrichtig, ebenso auch der gerichtliche Auftrag, dass vorher noch der Anspruch des Cessionars auf Zahlung des ihm etwa zukommenden Anteiles an der liquidierten Versicherungssumme gegenüber allen anderen Mitinteressenten geltend zu machen sei. Wird der Cessionar von der Versicherungsgesellschaft als Bezugsberechtigter anerkannt, und das wird ja regelmässig unbedingt bei Vorweisung der Cessionsurkunde und der Police au porteur der Fall sein, dann läge, wenn die Versicherungsgesellschaft die vom Cessionar geforderte Summe nicht sofort zu Gericht erlegen würde, eine ungerechtfertigte Bereicherung, durch Genuss des Zinsengewinnes der fälligen Versicherungssumme, seitens der belangten Versicherungsgesellschaft vor. Insbesondere würde es dann der Fall sein, wenn die Prämie bereits früher seitens des Cessionars und nicht seitens des Versicherungsnehmers geleistet würde. Dieser letztere Umstand ist jedoch auf die unbedingte Verpflichtung der Versicherungsgesellschaft zum gerichtlichen Erlage gleichgültig.

Der Umstand, dass mehrere Personen, welche untereinander im Verhältnisse einer Rechtsgemeinschaft, stehen, Ansprüche auf die Versicherungssumme machen, und dass die Gesellschaft, welche an der Liquidierung dieser Ansprüche gänzlich unbeteiligt erscheint, in keiner Weise berufen ist, auf die Austragung dieser Ansprüche irgend einen Entschluss zu üben, **berechtigt** die geklagte Gesellschaft allerdings die ihr obliegende Zahlung mittels gerichtlichen Erlages zu leisten. Es fehlt aber an jedem plausiblen Vorwande, wenn die Gesellschaft vermeint, aus der für sie völlig gleichgültigen Ungewissheit, über die Art, in welcher die Versicherungssumme unter die Interessenten zu erteilen sei, die Berechtigung ableiten zu können, mit der Leistung einer schuldigen und fälligen Zahlung zurückzuhalten, und einen jeder gesetzlichen Grundlage entbehrenden Zinsengewinn zu erzielen. Angesichts des Zahlungssäumnisses, welches der Gesellschaft sofort zur Last fällt, kann auch wohl darüber ein ernster Zweifel nicht gehegt werden, dass jeder, welchem ein Anspruch auf die Versicherungssumme zusteht, berechtigt sei, zu verlangen, dass die Gesellschaft der ihr obliegenden Verpflichtung nachkommen und sie die schuldige Zahlung in der durch das Gesetz, für Verhältnisse der hier vorkommenden Art vorgeschriebenen Weise nämlich durch gerichtlichen Erlag leiste. — An der Berechtigung des Cessionars zu diesem Verlangen kann aber umsoweniger gezweifelt werden, als er bei diesem Verlangen nicht nur im eigenen Interesse, sondern auch im Interesse aller Mitberechtigten auftritt. Die auf der eigenen Berechtigung beruhende Legitimation des Cessionars, welche sich daraus ergibt, dass er sich zur Zeit des Todes des Versicherers im Besitze der Police befunden hat und infolgedessen der Verpflichtung, den Rechtsgrund seines Besitzes darzutun, enthoben ist, kann von der Gesellschaft umsoweniger angefochten werden, als sie hierdurch mit der rückhaltlosen schriftlichen Anerkennung der Bezugsberechtigung des Cessionars in einen offenbaren Widerspruch gerät. Das Bemühen der Gesellschaft, sich in diesem Falle der Erfüllung ihrer Verpflichtung zu entziehen, hat keinen Anspruch auf gesetzlichen Schutz.

---

§ 38.

Die Beweislast bei dem Lebens-Versicherungs-Vertrage.

Sache des Klägers ist es, das Zustandekommen des der Klage zu Grunde liegenden Vertrages, unter den von ihm behaupteten Bedingungen zu beweisen. Es wurde früher, gemäss § 114 [d. alten All. G. O.], in gewissen Fällen der Urkunde über ihren Inhalt voller Glaube beigemessen und daher für wahr gehalten, dass der Versicherte die Summe, welche in dem Vertrage angegeben ist, versichern wollte. Die Gültigkeit konnte angefochten werden, falls nachgewiesen wurde, dass, bei Ausfüllung der Rubriken, eine vertragswidrige Handlungsweise vorhanden war. [E. d. O. G. Z. 8876 Jur. Blätter No. 48 ex 1893.]

An und für sich ist es gleichgültig, ob alle Rubriken bei Unterschrift des Vertrages ausgefüllt waren. Der Versicherungsnehmer hat eine vertragswidrige Ausfüllung der Police zu beweisen.

Zahlung der Versicherungssumme im Falle des Selbstmordes.

Beweislast: Darüber, ob im Falle des Selbstmordes des Versicherten, die Versicherungssumme gezahlt werden soll, entscheiden vor allem die Statuten der betreffenden Versicherungsgesellschaft. Liegt ein behaupteter Selbstmord des Versicherten vor, so liegt die **Beweislast** dieser Behauptung der Versicherungsgesellschaft ob. Die auf Zahlung der Versicherungssumme belangte Gesellschaft muss beweisen, dass dieser die Gültigkeit des Versicherungsvertrages aufhebende Fall eingetreten ist. Ein Gutachten, welches die Gerichtsärzte, infolge der nach dem Finanz-Ministeral-Erlasse vom 5. August 1852 Z. 172 R. G. Bl. und der Verordnung des Ministeriums des Innern und der Justiz vom 8. Juni 1857 Z. 73 R. G. Bl. von der

Bezirkshauptmannschaft erteilten Aufträge zur Vornahme der Sektion erstattet haben, ist **noch nicht geeignet**, diesen Beweis zu erbringen, denn, dieser Amtsakt wird zu den in den citierten Ministerial-**Erlässen** bezeichneten Zwecken, nicht aber, um einer Versicherungsgesellschaft in einem Civilrechtsstritte zu einem Beweismittel zu dienen, verrichtet. Durch „Geschichtsumstände", welche durch die von der Gesellschaft geführten Zeugen konstatiert werden, kann der Selbstmord nicht als gerichtsordnungsmässig bewiesen angesehen werden [E. d. O. G. vom 3. April 1884 Z. 2817, Glas-Ung. No. 9978].

Der Versicherungsvertrag kommt durch die übereinstimmende Willensäusserung beider Kontrahenten zustande und zwar dadurch, dass der Versicherungsnehmer einen Versicherungsantrag an die Gesellschaft stellt, gewöhnlich, die von ihr ausgestellte „Deklaration" unterschreibt, und die Gesellschaft diesen Antrag durch Ausstellung einer Versicherungs-Police annimmt.

Durch die von dem Versicherungsnehmer unbestritten eigenhändig gefertigte Deklaration wird dargetan, dass derselbe hierdurch ausdrücklich schriftlich seine Erklärung dahin abgibt: er wolle mit der Versicherungs-Gesellschaft eine Versicherung nach der von ihr aufgestellten Prämientabelle und eventuell nach dem von ihr aufgestellten Dividendenplane eingehen. Im Falle der Annahme der „Deklaration" seitens der Gesellschaft ist derselbe daher bereits zur Prämienzahlung verpflichtet [vgl. E. d. O. G. vom 28. Jänner 1885 Z. 14739 Gl.-Ung. No. 10402].

Beweis der Gesundheit des Versicherungsnehmers.

Der **Beweis**, dass der Versicherte zur Zeit des Abschlusses des Versicherungsvertrages gesund ist, kann **nur** durch ein Sachverständigen-Gutachten erbracht werden. Der Haupteid ist diesbezüglich niemals zuzulassen.

Liegt eine vereinzelte Aussage eines Arztes vor, so erschien früher diese zur „erfüllungsweisen" Beschwörung dieser Aussage, geeignet. Ein ärztliches Gutachten über die Gesundheitsverhältnisse des Versicherten konnte durch einen Zeugen niemals erhärtet werden. Denn, wenn es sich um „Gesundheitsverhältnisse" handelt, so sind diese keineswegs für jedermann äusserlich wahrnehmbare Tatsachen, sondern es ist zur Beurteilung derselben immer ein ärztliches Gutachten notwendig [vgl. den § 207 der a. G. O.; E. d. O. G. vom 12. April 1874 No. 14350.]

---

§ 39.

Die Verpflichtungen der Versicherungs-Gesellschaften bei dem Lebens-Versicherungs-Vertrage.

Die Versicherungsgesellschaft ist, ungeachtet, dass die Deklaration von ihr durch Ausstellung der Police angenommen wurde und ungeachtet, bereits eine Prämie vom Versicherungsnehmer eingezahlt wurde, dennoch zur **Auflösung** des Versicherungsvertrages und Rückzahlung der Prämie verpflichtet, falls es dem Versicherungsnehmer gelingt, nachzuweisen, dass seine in der Deklaration zum Ausdrucke gelangte Willensäusserung seinem wahren Willen deshalb nicht entsprach, weil er von dem Agenten der Versicherungsgesellschaft rücksichtlich der von ihm übernommenen, als Hauptsache anzusehenden Gegenverpflichtung d. i. rücksichtlich der Höhe der von ihm nach den Tarifen der Versicherungsgesellschaft zu entrichtenden Prämie irregeführt wurde. In diesem Falle kann nach § 871 des allg. bürg. Gesetzbuches für den Irregeleiteten eine Verpflichtung zur Einhaltung des formell rechtsgültig abgeschlossenen Vertrages nicht entstehen [vgl. E. d. O. G. vom 28. Jänner 1885 Z. 14739 No. 10402 Gl. Ung.].

Verpflichtung zur sofortigen Veranlassung der Untersuchung des Gesundheitszustandes der Versicherungsnehmer.

Erklärt der Versicherte bei Abschluss des Versicherungsvertrages, dass ein etwaiges körperliches Leiden von dem ihn behandelnden Arzte in Erfahrung gebracht werden könnte, so hat die Versicherungsgesellschaft die Verpflichtung, **sofort** in betreff des Gesundheitszustandes die erforderlichen Nachfragen bei demselben zu halten. — Hat ein Lebensversicherungsnehmer bei Beantwortung der Frage der Deklaration über seinen Gesundheitszustand ein Leiden verschwiegen, und sich darauf beschränkt, auf die weitere Frage, nach seiner ärztlichen Vertrauensperson, den ihn behandelnden Arzt, als diejenige Person zu bezeichnen, bei welcher in betreff seines Gesundheitszustandes Nachfrage gehalten werden könnte, so hat die Versicherungsgesellschaft, welche von dieser Erlaubnis keinen Gebrauch machte, sondern ohne Erkundigung, bei dem Arzte des Versicherungsnehmers die Versicherung abschloss und die Prämie sich zahlen liess, nach dem Tode des Versicherungsnehmers **keine** Einrede aus der Verschweigung jenes Leidens, welches sie durch die Nachfrage bei dem betreffenden Arzte hätte erfahren können, aber infolge der Ausserachtlassung dieses Rates erst nach dem Tode des Versicherungsnehmers erfahren hat. [E. d. deutschen R.-G.-Civilsenates vom 12. März 1892. Juristische Blätter 1892.]

Verpflichtung zur Zahlung im Falle der Mobilisierung.

Die statutenmässige Sistierung der Lebensversicherung, während der Kriegsdauer tritt bei Einrückung des Versicherten infolge Mobilisierung ohne Kriegserklärung **nicht** ein. [E. vom 27. April 1882, Z. 3178. Gl.-Ung. No. 8968.]

Die Verheimlichung einer nicht lebensgefährlichen Krankheit bildet keinen Grund der Ungültigkeit der Lebensversicherung vom 15. Jänner 1868, Z. 10836 Gl.-Ung. No. 2972],

Ebenso wenig bildet auch die nicht arglistige Angabe eines unrichtigen Alters einen Grund der Ungültigkeit der Lebensversicherung. — [E. d. o. Ger.-H. vom 28. März 1878, Z. 1761. Gl.-Ung. No. 6889.]

---

§. 40.

Die Verpflichtungen des Versicherungsnehmers bei dem Lebens-Versicherungs-Vertrage.

Die Hauptverpflichtungen des Versicherungsnehmers sind:

1. Vollkommen wahrhaft gemachte Angabe der in der Deklaration erwähnten juristisch-relevanten Tatsachen,
2. Nichtverschweigung eines wichtigen Umstandes,
3. Ordnungsmässige Zahlung der Prämie. [§ 1288. A. B. G. B.]
4. Rechtzeitige Anzeige des erlittenen Schadens. — [§ 1290 a. B. G. B.]

Das Unterlassen der rechtzeitigen Anzeige eines erlittenen Schadens, eines eingetretenen Todesfalles **kann** den Verlust des Anspruches auf die versicherte Summe zur Folge haben. [Vgl. Josef Ellinger, Handbuch d. österr. allg. Civilrechtes Seite 593.] Schon nach der älteren Theorie wurde als eigentlicher „Glücks-Vertrag" bloss der „Güterversicherungs-Vertrag" aufgefasst. [Ellinger a. a. O.] Die Verschweigung eines wichtigen Umstandes hat die Ungültigkeit des Vertrages zur Folge. Das blosse Verschweigen des Umstandes, dass der Versicherungsnehmer vor Abschluss des Vertrages ärztlich behandelt wurde, kann nicht die Ungültigkeit des Versicherungsvertrages bewirken. [E. d. o. G. vom 4. Jänner 1883, Z. 14984 No. 76, Polaczek.]

Der Versicherungsnehmer ist bei Abschluss des Versicherungsvertrages zur Angabe von wahren Tatsachen verpflichtet; hat der Versicherte bei Beantwortung der Fragen unrichtige oder unvollständige Angaben gemacht, fällt ihm auch wesentlich Unwahrheit und Verschweigen zur Last, so ist die Versicherungsgesellschaft zur Zahlung der ganzen Versicherungssumme nicht verpflichtet. [E. d. o. G. vom 18. Juli 1889 No. 7960. No. 12838 Gl.-Ung.] Befindet sich in dem Versicherungsvertrage die Bestimmung, dass für den Fall, als der „Versicherungsnehmer" nicht spätestens innerhalb dreissig Tagen, nach dem in der Police festgesetzten Fälligkeitstermine Zahlung leistet, die Erlöschung der Versicherung eintritt, so **kann** die Versicherungssumme von dem Rechtsnachfolger des Versicherungsnehmers **nicht** in Anspruch genommen werden, wenn die Zahlung nicht regelmässig erfolgte und etwa auch später ein Zahlungsanbot, jedoch nicht in der bestimmten Frist gemacht wurde. Denn der Versicherungsnehmer erwirbt durch die Annahme seines Antrages ein durch die pünktliche Zahlung der Prämien suspensiv bedingtes Recht, es kann daher nur diese pünktliche Zahlung den erworbenen Anspruch in Kraft erhalten; wenn der Versicherte vor Zahlung der Prämie verstirbt, besteht der Vertrag nur dann, wenn der Tod innerhalb der zur Zahlung festgesetzten Frist erfolgte, und seine Rechtsnachfolger die Prämie vor Ablauf der Frist entrichtet haben. [E. d. O. G. vom 20. März 1889, Z. 2647. No. 12637. Gl.-Ung.]

Es ist den Versicherungsgesellschaften gestattet, sich eine Frist in ihren Versicherungsbedingungen aufzustellen, innerhalb welcher der Anspruch auf Geltendmachung der fälligen Versicherungssumme gestellt werden muss. — Unterzeichnet der Versicherungsnehmer die Deklaration, und ist in den Versicherungsbedingungen eine **Präklusivfrist** zur Geltendmachung der Ansprüche festgesetzt, so wird er des Rechtes auf die Versicherungssumme verlustig, falls er seinen Anspruch nicht innerhalb der festgesetzten Frist geltend macht. Der Versicherungsnehmer erklärt in der von ihm unterzeichneten Deklaration, deren Annahme durch die ordnungsmässig ausgefertigte Police beurkundet wird, ausdrücklich, die Versicherungsbedingungen zu kennen, und sich denselben zu unterwerfen.

Sache des Versicherungsnehmers ist es, bevor er den Versicherungsantrag stellt, sich über die rechtliche Natur der Versicherungsgesellschaft zu vergewissern und sich genau mit dem Inhalte der Versicherungsbedingungen vertraut zu machen. Tut er dieses nicht, so muss er sich die Folgen seiner Handlungsweise selbst zuschreiben.

Verpflichtet sich der Versicherungsnehmer in der Deklaration, seinen darin enthaltenen, durch seine eigene Unterschrift beglaubigten Antrag für eine genau fixierte Dauer aufrecht zu erhalten, ohne denselben zurückziehen zu können, so ist diese Frist die massgebende, und erscheinen in einem solchen Falle die Bestimmungen der §§ 862, 869 und 871 a. b. G. B. nicht anwendbar [E. d. o. G. vom 28. Jänner 1885, Z. 14739 No. 10402 Gl.-Ung.].

Der durch die Police dokumentierte Versicherungsvertrag betrifft während der Lebensdauer des Versicherten nur das Rechtsverhältnis zwischen diesem und der Versicherungsgesellschaft. Durch diesen Vertrag hat die darin begünstigte Person, an welche bei dem Tode des Versicherten die Versicherungssumme zahlbar ist, zur Lebenszeit des Versicherten ein Recht noch nicht erworben. Dem Versicherten steht sonach bis zu seinem Tode frei, eine andere Person, als die begünstigte, zu bestimmen, gleichwie ihm freisteht, durch Nichtzahlung der Prämie den Vertrag erlöschen zu lassen. Es ist daher die Erteilung der **kuratels**behördlichen Genehmigung des Einschreitens des auf den Todesfall Versicherten, wegen Umschreibung der ursprünglich zum Vorteile einer minderjährigen Person lautenden Begünstigungsklausel zulässig. [E. d. o. G. vom 4. Mai 1892, Z. 5591; **entgegengesetzte** Entscheidung des k. k. Oberlandesgerichtes Wien vom 15. März 1892, Z. 6584, Jurist. Blätter No. 36.]

Die statutenmässige Ungültigkeit der Lebensversicherung bei Selbstmord tritt auch ein, falls der Selbstmord im Zustande der Unzurechnungsfähigkeit begangen ist. [E. d. o. G. v. 20. 3. 1879, Z. 1556, Gl.-Ung. No. 7385.]

Zahlung des Quittungsstempels.

Im allgemeinen ist bei fast allen Versicherungsgesellschaften ausdrücklich die Verpflichtung des Versicherten zur Zahlung der Quittungsstempel in den Bedingnissen der Versicherungsgesellschaft aufgenommen. Ist jedoch diese Verpflichtung nicht ausdrücklich stipuliert, so ist die Versicherungsgesellschaft aus Eigenem verpflichtet, diese Stempel zu bezahlen. Denn nach § 1426 a. b. G. B. erscheint der Zahlende berechtigt, von dem Befriedigten eine Quittung zu verlangen. Der letztere erscheint verpflichtet, dem Zahlenden eine mit allen gesetzlichen Erfordernissen versehene Quittung auszufolgen. Zu diesen Erfordernissen gehört die Verwendung des vorgeschriebenen Stempels, der eben den Aussteller der Quittung trifft, falls etwa nicht vertragsmässig etwas anderes vereinbart wurde. [E. d. o. G. vom 8. Oktober 1890, Z. 9768, Z. 138.]

Zufolge der fast in allen Versicherungsbedingungen enthaltenen, ausdrücklichen Bestimmungen wird die Nichtigkeit der Police für den Fall verhängt, dass der Versicherte im Versicherungsantrage eine falsche oder hinterlistige Angabe gemacht habe. Aus der materiellen Fassung und aus dem Geiste dieser Anordnung muss logisch und rechtlich gefolgert werden, dass die Versicherungsanstalt sich gegen jeden Nachteil schützen will, der ihr aus einem dolosen Versuche eines Versicherungsnehmers erwachsen könnte. Die Verwirkung des Anspruches auf die Versicherungssumme kann jedoch dann nicht verhängt werden, falls, bei Erteilung der im Fragebogen enthaltenen vorgeschriebenen Auskünfte, infolge eines Irrtums, eine falsche Angabe gemacht wurde. Denn von einer Hinterlist kann nur dann gesprochen werden, wenn durch Vorspiegelungen versucht wird, einen anderen in Irrtum zu führen, wenn also vom Versicherten die falsche Angabe mit dem Bewusstsein, dass diese Angabe nicht wahr ist, gemacht wird. Hat jedoch der Versicherte in „gutem Glauben" eine falsche Angabe gemacht, so kann dies nicht die Verwirkung des Anspruches auf die Versicherungssumme zur Folge haben. [E. d. o. G. vom 28. März 1878, Z. 1761.]

---

§ 41.

Die Rechte desjenigen, zu dessen Gunsten die Lebensversicherung erfolgte.

Zu den sowohl in der Theorie als in der Praxis bestrittensten Fragen gehört die, ob die Lebensversicherungs-Police in den Nachlass des Versicherungsnehmers gehört oder nicht. Es hängt diese Frage mit der rechtlichen Konstruktion des Begriffes des „Lebensversicherungs-Vertrages" zusammen. Unger erklärt, dass der Dritte unmittelbar und ohne sein Zutun das ihm zugedachte Recht „als völlig fertiges" Recht erhalte; Onciul fasst den sog. „Begünstigten" nur als Cessionar auf, ohne Rücksicht darauf, ob die Übertragung der Forderung erst nach dem Vertragsabschlusse oder zugleich mit demselben stattgefunden hat.

Wir können der letzteren Ansicht nicht beipflichten und sehen das Recht des Begünstigten als ein unmittelbares an; konsequent darf daher auch die Lebensversicherungs-Police als nicht in den Nachlass gehörig angesehen werden; mit einer einzigen Ausnahme, wenn die Police „au porteur" lautet **und sich** im Besitze des Versicherungsnehmers zur Zeit des Todes desselben befand. In diesem Falle erscheint es nicht evident, welchen „Begünstigten" der Erblasser bestimmen wollte, und muss der Beweis, dass diese „Police" nicht in den Nachlass gehört, von dem Begünstigten erbracht werden. Wir lassen der Wichtigkeit wegen einige Entsch. des obersten Gerichtshofes, aus deren Motiven die verschiedenen Rechtsansichten erhellen, folgen.

Eine Lebensversicherungs-Police darf **nicht** in den Nachlass des Verstorbenen einbezogen werden. Die Exekutionsführung auf diese Police seitens der Erbschaftsgläubiger ist unstatthaft. [E. d. O. G. H. vom 10. März 1886, Glas.-Ung. No. 10 966.]*)

„Denn das Lebensversicherungs-Kapital, worüber eine" „auf den **Vorzeiger** lautende Police ausgestellt ist, kann für" „keinen Fall als ein Nachlassvermögen des Verstorbenen" „angesehen werden, nachdem derselbe bei Lebzeiten auf" „dieses Kapital keine Ansprüche erheben konnte, und das-" „selbe erst nach seinem Ableben fällig wurde." Die Versicherungsgesellschaft ist nicht nur berechtigt, sondern auch verpflichtet, dem Vorzeiger der Police die Summe, welche fällig wurde, auszuzahlen, und dies um so mehr, als den Versicherten bei Lebzeiten das Recht nicht benommen werden kann, mit der Police nach Gutdünken zu verfügen und der Besitzer der Police als ihr Eigentümer angesehen werden muss [§ 1393 a. b. G. B.]. (Wohl der rechtmässige?)

Die vom Erblasser für sein Leben [sei es auch zu Gunsten des Erben] versicherte Summe bildet keinen Teil seines Nachlasses. [E. vom 11. März 1894, Z. 2876 Glas.-Ung.]

E. v. 7. November 1883, Z. 13 026, No. 9930 Glas.-Ung.

---

*) Vgl. Unger, Die Verträge zu Gunsten Dritter. S. 68. — Ehrenzweig, Die sog. zweigliedrigen Verträge, insbesondere die Verträge zu Gunsten Dritter.

E. v. 4. April 1882, Z. 2513, No. 9646 Glas.-Ung.
E. v. 10. Jänner 1879, Z. 12 277, No. 8946 Glas.-Ung.
E. v. 20. September 1877, Z. 7590, No. 7282 Glas.-Ung.
E. v. 31. August 1875, Z. 7549, No. 6559 Glas.-Ung.
E. v. 1. Juli 1875, Z. 7906, No. 5842 Glas.-Ung.
E. v. 15. September 1874, Z. 8512, No. 5801 Glas.-Ung.
No. 5467. [Vgl. a. b. G. B. 13. Auflage, herausgegeben von Professor Dr. Schey, Seite 2411.]

Der Besitzer einer auf den Überbringer lautenden Lebensversicherungs-Police ist ohne weiteren Nachweis eines Rechtstitels zur Einforderung der Versicherungssumme berechtigt [E. des obersten Gerichtshofes v. 12. April 1883, Z. 1953 Glas.-Ung.; No. 9387 E. v. 3. März 1868, Z. 641 Glas.-Ung.; No. 3305 E. v. 20. Oktober 1884, Z. 8296 Glas.-Ung.; No. 10 190 E. v. 17. Dezember 1868, Z. 9627 Glas.-Ung.; No. 3641 Schey a. a. O. Seite 537].

Durch den Abschluss des Versicherungsvertrages erwirbt der Versicherungsnehmer das Recht, den Begünstigten zu bestimmen und das Eigentum der Police auf andere Personen zu übertragen. Ist nun im Assekuranzvertrage der „Erbe“ als „Versicherter“ bestimmt, so muss die Versicherungssumme den Erben ausbezahlt werden.

Die von der Assekuranz ausgezahlte Geldsumme ist Eigentum der Erben und die Konkursmasse des verstorbenen Versicherungsnehmers hat bloss das Recht, den Ersatz des von ihr zur Auszahlung der Police bei dem Pfandeigentümer gemachten Aufwandes zu fordern. [E. d. O. G. H. vom 20. September 1877 Z. 7590.] Eine Police, welche auf den Inhaber lautet, und welche sich nicht im Besitze eines Erben, Gläubigers, sondern im Besitze des Verstorbenen befand, ist gemäss § 97 des kaiserl. Patentes vom 9. August 1854 Z. 208 R. G. B. in den Nachlass einzubeziehen. Denn, den Nachlass eines Verstorbenen bildet die Gesamtheit der vermögensrechtlichen Verhältnisse, in denen der Verstorbene stand, und welche mit seinem Tode nicht erlöschen*) [§§ 531, 1448]. Unter solche vermögensrechtliche Verhältnisse ist aber jeden-

*) Vgl. Rüdiger, Die Rechtslehre vom Lebens-Versicherungs-Vertrage.

falls die auf den Überbringer lautende Lebensversicherungs-Police, welche sich im Zeitpunkte seines Todes in seinem Besitze befand, einzubeziehen. Denn wenn auch die Versicherungssumme vertragsmässig erst nach dem Ableben des Versicherten zu bezahlen ist, so bildet die Police für den Versicherten selbst zu Lebzeiten einen Vermögenswert, mit welchem er durch Verpfändung sich Geldmittel verschaffen könnte. Hat der Versicherungsnehmer einen Dritten zum Inhaber dieser Police nicht gemacht, und befand sich diese noch zur Zeit des Todes desselben in seinem rechtlichen Besitze, so kann nur der Erbe Inhaber der Police werden (§§ 531, 547 a. b. G. B.) [E. d. O. G. H. vom 28. Oktober 1890 Z. 9833 No. 140 Polaczek a. a. O.] Befand sich die Polizze zur Zeit des Todes des Versicherungsnehmers noch im Nachlasse, so muss, wenn nicht ein besonderer Akt vorhanden ist, laut welchen der Versicherungsnehmer unter Lebenden eine besondere Verfügung über die Police getroffen hat, diese Police, beziehungsweise der durch dieselbe beurkundete Anspruch als ein Bestandteil der Verlassenschaft angesehen werden und ist derselbe in das Inventar aufzunehmen. Die Berechtigung der Erben, sich in den Besitz der Police zu setzen und über dieselbe zu verfügen, kann nur (??) aus dem gesetzlichen Erbrechte abgeleitet werden [E. d. O. G. H. vom 10. Juli 1889 Z. 7968 No. 12824 Gl. Ung.]. **Die entgegengesetzte E. ist folgende:** Das Recht der Erben des Versicherungsnehmers auf das für seine „rechtmässigen Erben" versicherte Kapital beruht nicht auf dem Rechte seiner Erben zu dem Kapitale, sondern auf dem mit der Versicherungsanstalt abgeschlossenen Vertrage [E. d. O. G. H. vom 31. Oktober 1880 Z. 11524, Geller No. 304]. Der Besitzer der Police, welche auf den „Vorzeiger" ausgestellt ist, ist an und für sich als Eigentümer derselben anzusehen [§ 1393 a. b. G. B.].

Auf dieses Kapital können bei Lebzeiten des Versicherungsnehmers keine Ansprüche erworben werden, und wird dasselbe mit dem Ableben fällig [E. d. O. G. vom 10. März 1886 Z. 2555 No. 104 Pollaczek a. a. O.]*)

---

*) Vgl. Dr. Derblich, „Die Lebens-Versicherungspolice als Bestandteil

Policen, die auf die Erben lauten, beinhalten, dass die Erben die Versicherungsbeträge aus dem Titel des Versicherungsvertrages erhalten; deshalb, und da hier der Rechtsanspruch nicht aus dem Titel des Erbrechtes erwächst, bilden die auf diese Policen ausgewiesenen Summen keinen Gegenstand der Verlassenschaftsabhandlung. Dieselben sind daher auch nicht in die Nachlassinventur einzubeziehen, zumal der Erblasser im Sinne des § 97 des kaiserlichen Patentes vom 9. August 1854, Z. 208 R. G. B. nicht als im Besitze der Versicherungssumme befindlich anzusehen ist. [E. d. o. G. vom 11. März 1884, Z. 2876. No. 85 Pollaczek a. a. O.]

Der Erblasser, welcher sein Leben bei einer Versicherungsgesellschaft versicherte, ist noch im Zeitpunkte seines Todes im Sinne des § 97 des kaiserlichen Patentes vom 9. August 1854, Z. 208. R. G. B. als im Besitze der Versicherungssumme anzusehen. Es findet zwar im Verhältnisse der Erben zum Erblasser eine nicht vertragsmässige Erwerbung der Versicherungssumme von Todeswegen statt, auch haben die Erben unter Lebenden keinerlei Rechte auf die Versicherungssumme erworben, dessen ungeachtet darf aus diesen Umständen keineswegs auf die Notwendigkeit der Einbeziehung der Versicherungssumme in das Nachlassinventar geschlossen werden. [E. v. 11. März 1884, Z. 9930. Gl.-Ung.] Unseres Erachtens kann lediglich in dem einzigen Falle, falls die Police au porteur lautete und sich — im Todesfalle des Versicherungsnehmers — im Besitze desselben befand, dieselbe in das Nachlassinventar einbezogen werden, da zu vermuten ist, dass zwar der Versicherungsnehmer den Willen hatte, einen Begünstigten zu bestimmen; da jedoch er die Police niemandem übergab, so muss angenommen werden, dass er noch eine etwaige anderweitige Verwendung beabsichtigte, dieselbe jedoch nicht durchführte.

des Nachlasses nach österr. Recht." Wien 1895. — Onciul: Der Versich.-Vertrag nach österr. Recht.

§ 42.

Einbeziehung der auf den Überbringer lautenden Lebensversicherungspolice in den Nachlass des Versicherten im Falle einer behaupteten Schenkung.

Ist für den Fall, als von dem „angeblich Begünstigten“ geltend gemacht wird, dass eine Schenkung unter den Leben oder auf den Todesfall vorlag, die Police trotz dieser Schenkung in den Nachlass einzubeziehen? Wir wollen, da dieser Fall typisch ist, die Gründe, welche für und dagegen geltend gemacht werden, anführen [vgl. E. vom 28. Oktober 1890, Gl.-U. 605].

Der Tatbestand ist folgender:

M. war auf die Summe von 1000 fl. auf den Todesfall versichert; die Versicherungssumme war nach der in der Police enthaltenen Bestimmung nach dem Tode des M. an den Inhaber der Police auszuzahlen. Nach dem ab intestato erfolgten Ableben des M. wurde die in dessen Besitze vorgefundene Lebensversicherungspolice in den Aktivstand des Nachlassinventars aufgenommen, und das Ärar erwarb auf dieselbe, als Bestandteil des Nachlasses des M., wegen einer gegen denselben aushaftenden Ersatzforderung das Pfandrecht. Als Gründe, welche die Ausscheidung der Police aus dem Nachlassinventare rechtfertigen, wurden geltend gemacht: die strittige Police bilde keinen Bestandteil des Nachlasses, nach § 531 gehöre die Police deshalb nicht in den Nachlass, weil die Police nicht auf den Namen der Verlassenschaft des M. gelautet habe, sondern zu Gunsten eines Dritten, d. i. des Besitzers. Der Dritte erwerbe nur Kraft des Versicherungsvertrages selbst und nicht als Erbe. Der Besitzer sei nach § 1393 a. b. G. B. Eigentümer der Police. Ex titulo hereditatis könne der berechtigte Inhaber nicht anerkannt werden. Hierzu ist noch zu bemerken: Eine behauptete Schenkung der Police ist nur dann als gültig anzusehen, wenn die Förmlichkeiten des § 956 beobachtet wurden. War dies nicht der Fall, so entbehrt die Schenkung jeder rechtlichen Grundlage. Der obangeführte Grund ist unseres Erachtens nicht stichhältig. Unter die vermögensrechtlichen Verhältnisse ist jedenfalls die auf den Überbringer lautende Lebensversicherungspolice, welche sich im Besitze des Verstorbenen im Zeitpunkte des Todes befand, zu rechnen [§ 531, § 1448, § 547 a. b. G. B.]; denn es geht nicht an, die Erbberechtigung dahin aufzufassen, dass sie lediglich den Zweck habe, einem Erbberechtigten als blosse Legitimation zur Singularsuccession in ein Recht, über welches der Erblasser nicht verfügt hat, zu dienen. Die Police selbst bildete zu Lebzeiten des Verstorbenen einen Vermögenswert; wenn der Versicherungsnehmer einen Dritten zum Inhaber der Police nicht gemacht hat und sich dieselbe im Zeitpunkte seines Todes in seinem Besitze befand, so kann nur derjenige, welcher in den rechtlichen Besitz der Police im Wege der Verlassenschaftsabhandlung gelangt, also nur der Erbe [Universalsuccessor], als solcher rechtlicher Inhaber der Police werden [§ 547 a. b. G. B., § 97 des Verlassenschaftspatentes].

---

§ 43.

Rechte der Pfandgläubiger.

Die Verpfändung der Lebensversicherung-Police durch den Versicherer ist zulässig [E. d. O. G. H. vom 14. Oktober 1879, Z. 11 304, Gl.-Ung. Z. 8678].

Dem Versicherungsnehmer, welcher sein Leben bei einer Versicherungsgesellschaft zu Gunsten seiner Erben versicherte, steht, so lange er am Leben ist, zweifellos das Verfügungsrecht über die Police zu [§§ 353 und 354 a. b. G. B.]. Durch Übergabe des Depotscheines räumt er ein Pfandrecht ein [§§ 447, 448, 451 und 452 a. b. G. B.]. Die Rechte seiner Erben, als jener Personen, zu deren Gunsten die Versicherung erfolgte, erscheinen durch die Verpfändung nicht beschädigt, nachdem dieselben bei Lebzeiten des Versicherten noch keine Rechte auf die versicherte Summe erworben haben [E. d. O. G. vom 14. Oktober 1879, Z. 11 304].

Die Versicherungs-Police kann derart formuliert sein, dass in derselben genau der Name derjenigen Person, welche die Versicherungssumme erhalten soll, bezeichnet ist; dieselbe kann jedoch bloss eine unbestimmte Bezeichnung der Person, etwa „für meine rechtmässigen Erben", enthalten.

Wenn die Versicherungssumme an die Erben auszuzahlen ist, so erwerben **dieselben erst** mit dem Todestage des Erblassers ein Anrecht auf die Summe, insoweit, als dieselbe noch in diesem Zeitpunkte nicht belastet war. Demjenigen, der sein Leben bei einer Gesellschaft zu Gunsten seiner Erben versichert, steht, so lange er „am Leben" ist, zweifellos das Verfügungsrecht über die Police und die aus derselben nach seinem Tode für die dritten Personen resultierenden Rechte zu. Die Police und das Recht, über sie zu verfügen, kommen ihm als „Eigentümer" zu [§§ 353 und 354 a. b. G. B.].

Derselbe kann sie daher immer verfallen lassen, er kann sie verpfänden. Wenn er nun dieselbe jemandem für ein Darlehen verpfändet, so räumt er durch Übergabe des Pfand- oder Depotscheines an den Gläubiger diesem für seine Forderung ein Pfandrecht ein [§§ 447, 448, 451 und 452 a. b. G. B.]. Er übt bei Verpfändung derselben lediglich sein Verfügungsrecht aus; die Erben, als diejenigen Personen, zu deren Gunsten die Versicherung erfolgte, können sich durch diese Verpfändung nicht als geschädigt erachten, da sie bei Lebzeiten des Versicherten keine Rechte auf die ganze versicherte Summe erworben haben [E. d. O. G. H. vom 14. Oktober 1879, Z. 11 304, Gl.-Ung. No. 8678].

Die Verpfändung einer Lebensversicherungs-Police verpflichtet die Pfandgläubiger nicht zur Zahlung der Prämien [E. d. O. G. H. vom 10. Oktober 1868, Z. 6666; Gl.-Ung. No. 3130; Schey Seite 528].

Nach **preussischem** Rechte galt noch in neuerer Zeit der Satz, dass die „Versicherungssumme" in allen Fällen zum Nachlasse des Versicherungsnehmers gehört, wenn die Ansprüche auf dieselbe bis zum Tode des letzteren von einem anderen nicht erworben wurden [König a. a. O. Seite 827]. Nach **englischem** Rechte ist die Versicherungssumme entweder den Testamentsexekutoren oder dem Verlassenschaftsverwalter des Versicherten auszuzahlen. Frau und Kinder erlangen **sofort** ein Recht aus der Police, welches ihnen weder durch den Versicherungsnehmer noch durch die Gläubiger entzogen werden kann [König a. a. O. S. 831]. Wenn der Vertrag zur Benachteiligung der Gläubiger abgeschlossen wurde, und die Prämien aus dem Vermögen des Versicherten bezahlt wurden, sind die Gläubiger berechtigt, eine den gezahlten Prämien gleichkommende Summe in Anspruch zu nehmen. Wenn auch vom Versicherungsnehmer sämtliche von ihm übernommenen Verpflichtungen pünktlichst erfüllt wurden, so kann doch noch nicht geschlossen werden, dass das Versicherungskapital durch diese Erfüllung bereits ihm gehört. Es war zu seinen Lebzeiten noch nicht vorhanden, stand daher auch nicht in seinem Besitze.

Da nach § 453 der westgalizischen Gerichtsordnung und nach Hofdekret vom 29. Mai 1845 J. G. S. No. 889 nur dasjenige Vermögen des Schuldners in Pfändung gezogen werden konnte, in dessen Besitze der Schuldner angetroffen wurde, so konnte auch deshalb die Pfändung der Versicherungssumme wegen einer Schuld des Versicherungsnehmers nicht bewilligt werden [vgl. E. d. O. G. H. vom 17. August 1875, Zahl 8235, Pollaczek Seite 25].

Sucht ein Pfandgläubiger um Pfändung und exekutive Einantwortung des seiner Forderung entsprechenden Teilbetrages einer bei Gericht erliegenden Sparkassa-Einlage, in welcher die fällige Versicherungssumme enthalten ist, an, so kann dieses Begehren nicht bewilligt werden, weil ein solcher Erlag seitens der Versicherungsgesellschaft nicht in die Verlassenschaft des Versicherungsnehmers, sondern, falls die Versicherung auf die Erben lautete, für die Erben erfolgt. Das Exekutionsgericht ist nicht berufen, über die Nachfolge der Erben in die Verbindlichkeiten des Erblassers zu entscheiden. Die allfällige Aufnahme der Versicherungssumme in das Nachlassinventar mit der „Streitanmerkung" hat nur die Bedeutung einer formellen Verfügung zum Zwecke der Verlassenschafts-Abhandlung [§§ 104 und 97 des kaiserlichen Patentes vom 9. August

1854, Z. 208 R. G. B., Hofdekret vom 29. Mai 1845, J. G. S. No. 889, E. d. O. G. H. vom 16. Mai 1889, Z. 5733].

Hat der Versicherungsnehmer zu seinen Lebzeiten über den Versicherungsanspruch gar keine Verfügung getroffen und befand sich die auf den **Inhaber** lautende Police zur Zeit des Todes des Erblassers in dem Besitze desselben, so kann die Versicherungssumme als ein Gegenstand der Verlassenschaftsabhandlung behandelt werden und können zu diesem Zwecke erforderliche Verfügungen getroffen werden, weil einem an der Ermittlung des Nachlasses interessierten Verlassenschaftsgläubiger nicht das Recht verwehrt werden kann, auf die Vervollständigung des Inventars hinzuwirken [E. d. o. G. vom 10. Juli 1879, Z. 7968. No. 132. Polaczek].

Die Abtretung eines Teiles der Versicherungssumme zieht an und für sich eine Änderung des Versicherungsvertrages nicht nach sich. Denn die Wirksamkeit der Abtretung hat ja selbst die Fortdauer des Vertrages und die Erfüllung der dem Versicherer durch denselben auferlegten Verpflichtung zur unerlässlichen Voraussetzung. So lange nicht mit der Versicherungsgesellschaft eine Änderung des Versicherungsvertrages vereinbart wird, sind daher auch diejenigen Erklärungen, welche aus Anlass der Abtretung eines Teiles der Versicherungssumme zwischen dem Versicherer und dem Cessionar bezüglich der Zahlung der Prämien ausgetauscht wurden, der Versicherungsgesellschaft gegenüber, deren Prämienschuldner der Versicherte bleibt völlig belanglos. [E. d. o. G. vom 6. Juli 1890, Z. 6646.]

Jeder Kläger muss den Titel der Erwerbung der Forderung nachweisen. Ohne Titel für die Erwerbung dieser Forderung ist der Umstand, dass dem Kläger die Police übergeben wurde, ganz gleichgültig. Es kann ja diese Übergabe keine Tradition im gesetzlichen Sinne, sondern möglicherweise nur eine Hinterlegung zur Aufbewahrung bedeuten.

Die blosse Innehabung der Police genügt, damit der Kläger gegenüber der Versicherungsgesellschaft als zur Behebung der Summe legitimiert erscheine demjenigen gegenüber, welcher sich zufolge eines speziell erworbenen

Titels sich als Rechtsnachfolger ausweist [E. d. o. G. vom 2. Oktober 1884, Z. 8296].

Der Versicherungsvertrag, laut welchem der Versicherungsnehmer sein Leben zu Gunsten „seiner Erben“ versichert, kann seinem Wortlaute und Sinne nach dahin verstanden werden, dass die rechtmässigen Erben berechtigt sein sollen, die versicherte Summe zu beheben, falls dieses Recht nicht bis zum Tode des Versicherten durch einen rechtsverbindlichen Akt an jemanden andern übertragen wurde.

Nach dem Inhalte des Versicherungsvertrages erlangt der Versicherungsnehmer nie das Recht, die Versicherungssumme zu fordern, sondern es bleibt das Recht nur den im Vertrage als „Begünstigt“ bezeichneten Personen oder denjenigen vorbehalten, an welche es der Versicherte durch einen rechtsgültigen Akt übertragen hatte.

Die auf der Police begründete Forderung an die Versicherungsgesellschaft kann deshalb nicht als ein Bestandteil des Verlassenschaftsvermögens angesehen werden [E. d. o. G. H. v. 31. 8. 1875, Z. 7549. § 440 a. b. G. B.]

Nach meinem Dafürhalten lässt sich auf Grund des Tatbestandes, dass eine Lebensversicherungspolice von dem Versicherungsnehmer rechtsgültig **verpfändet** wurde, das Recht des Pfandgläubigers als ein derartiges feststellen, dass er **an Stelle** des ursprünglichen, vom Versicherungsnehmer bestimmten „Begünstigten“, bis zur Höhe seiner Forderung, samt Nebengebühren **sofort** im Zeitpunkte der Verpfändung der Police eingetreten ist. Die Auszahlung der Summe wird im Zeitpunkte des Ablebens, beziehungsweise des Erlebens des in der Police festgestellten Zeitpunktes fällig. Gleichgültig ist, ob die Versicherungsanstalt von der Verpfändung in Kenntnis gesetzt wurde oder nicht, falls ein Pfandgläubiger vorhanden ist. Der Pfandgläubiger hat ein **unmittelbares** Recht an der Police erworben.

Keineswegs ist meines Erachtens jedoch auch in diesem Falle, das Recht des „Begünstigten“ als eine Cession seitens des Versicherten anzusehen, wie dies Onciul (a. a. O. S. 128) konstruiert [vgl. Savigny, Abt. R., 2. Bd.; **Gareis**, **Wächter**, Pandekten 6, 190; Lewis, Versicherungsrecht, S. 131, Sächs. bürgerliches Gesetz; **Ehrenzweig**, „Die sogenannten zweigliederigen Verträge", S. 32; Unger, S. 66; Ehrenberg, Versicherungsrecht, S. 192; Vivante III, S. 262; Rüdiger, Lebensversicherung; Karlowa, Das Rechtsgeschäft; **Kohler**, Dogmatische Jahresbücher, 17. Bd., S 318].

Es können hier 2 Fälle unterschieden werden:

1. Es ist bloss ein Pfandgläubiger vorhanden; dann erlangt er durch rechtsgültige Verpfändung das oben erwähnte Recht; überdies aber auch das Recht, die Einzahlung der Prämien seitens des Versicherungsnehmers zu überwachen und für den Fall, als dieser die Prämien nicht bezahlen sollte, dieselben für den Versicherungsnehmer zu berichtigen. Keine Versicherungsgesellschaft darf die Annahme der regelmässigen Einzahlung der Prämien seitens des Pfandgläubigers an Stelle des Versicherungsnehmers verweigern.

2. Es ist aber auch denkbar, dass der A. die Police zuerst für ein Darlehen beispielsweise per 1000 Gulden, dem B., sodann für ein weiteres dem C. verpfändet; in dem Falle, wenn nur eine Police vorhanden ist, erhält der Pfandgläubiger B. bei Übergabe der Police gleichzeitig die Rechte und Pflichten eines **Verwahrers.** Der zweite Gläubiger C. wird Pfandgläubiger, lediglich durch ausdrückliche Anmerkung der weiteren Verpfändung auf der Police, sohin ist in **diesem Falle** jedenfalls die Versicherungsgesellschaft von der **weiteren** Verpfändung seitens des Versicherungsnehmers zu verständigen.

---

§ 44.

Einfluss von mündlichen Nebenverabredungen auf die Gültigkeit des Lebensversicherungsvertrages.

Verleitung des Versicherungsnehmers zum Abschlusse durch **unrichtige** Angaben seitens des Versicherungsnehmers. **Irreführung** des Versicherungsnehmers durch **tatsächliche** Mitteilungen des Agenten, welche **nicht** die **Essentialia negotii betreffen.**

Die Hauptpunkte des Versicherungsvertrages sind in der Leistung, Fixierung der Vertragssumme und der Gegenleistung [Fixierung der zu bezahlenden Prämien] gelegen. Ist der Versicherungsvertrag als rechtsgültig anzusehen, wenn vollständige Einigung über die Hauptpunkte erzielt, die Police ordnungsmässig ausgefertigt und die Prämie bereits bezahlt wurde, bei Unterfertigung der Deklaration seitens des Versicherungsnehmers jedoch ein Vorbehalt gemacht wurde, eine Verabredung getroffen wurde, die nachträglich nicht eintrifft? Wir denken an einen Fall, wo A. z. B. bei Unterfertigung der Police erklärt, er mache die Gültigkeit des Vertrages davon abhängig, dass C., sein Schwiegervater, zum Abschlusse des Vertrages die Zustimmung erteile, der Agent die Erklärung abgab, dass diese bestimmt erfolgt sei, dieselbe aber tatsächlich nicht erfolgte.

Mehrere gerichtliche Instanzen erklären einen solchen Vertrag als rechtsgültig, weil der angebliche Irrtum nicht die Hauptsache betrifft und es Sache des Versicherungsnehmers sein soll, sich der betreffenden Zustimmung in anderer Weise zu versichern, übrigens auf eine vor oder bei der Unterfertigung des Versicherungsvertrages etwa gepflogene Verabredung im Hinblicke auf § 887 a. b. G. B. kein Bedacht zu nehmen ist; weiters aber auch aus dem Grunde, „weil inhaltlich der Versicherungsbedingungen kein Agent ermächtigt sei, besondere Erklärungen für die Gesellschaft, durch welche Verträge abgeändert werden könnten, entgegenzunehmen". Hierzu ist nun folgendes noch zu erwähnen: Der Versicherungsnehmer, welcher die Police angenommen, die Prämien bezahlt hat und nicht rechtzeitig gerügt hat, dass eine Bedingung, von welcher er die Gültigkeit des Vertrages abhängig gemacht hat, nicht eingetreten ist, hat jedenfalls die Sorgfalt, die er der Versicherungsgesellschaft gegenüber zu beobachten schuldig wäre, verletzt; dass ihn für sein Schweigen, beziehungsweise seine Säumnis ein

Rechtsnachteil trifft, ist daher gewiss billig. Daraus muss jedoch nicht gefolgert werden, dass dieser Rechtsnachteil darin zu bestehen habe, dass er als dem Vertrage zustimmend behandelt werde. Wir haben uns vielmehr, ehe wir den Versicherungsnehmer diesem Nachteil unterwerfen, zu fragen, ob es recht wäre, einen vertragswidrigen Vorgang deshalb zu Gunsten des Versicherers als zu Recht bestehend anzusehen, weil der Versicherungsnehmer denselben nicht oder nicht rechtzeitig gerügt hat. Meines Erachtens wäre diese Frage und zwar aus folgenden Gründen zu verneinen:

Der Vertreter der Versicherungsgesellschaft könnte diesen vertragswidrigen Vorgang wohl in doppelter Weise erklären; entweder er sagt: er wollte eine ausdrückliche Änderung der Police, im Wege der Anführung der fraglichen Bedingung, herbeiführen, oder aber er behauptet, er habe sich bei Vornahme dieser vertragswidrigen Formulierung des Vertrages geirrt, indem er annahm, dass der Versicherungsnehmer die in Rede stehende Zustimmung bereits erhalten habe. Bezüglich der 1ten Alternative ist zu bemerken, dass die Police, als eine Urkunde, die die Versicherungsgesellschaft ausstellt, nachdem bereits früher die Deklaration unterfertigt war, in gewissem Sinne eine vollendete Tatsache schafft, doch nicht die Bestimmung hat, die Aufnahme von Bedingungen, besonderen Vertragspropositionen für einen Fall zu dienen [zumal in den meisten Policen eine solche Aufnahme von „Bedingungen", „Nebenverabredungen" direkt verboten ist], dass daher der Versicherungsagent, indem er in die Police eine Bedingung hineinsetzen wollte, gegen seine Instruktionen vorgegangen, und eine allfällige Verurteilung des Versicherungsnehmers, welcher die Police annahm und nicht sofort seine Einwendungen vorbrachte, nur eine nachträgliche Ratifizierung eines vertragswidrigen Vorganges wäre.

Was aber die andere Alternative betrifft, also den Fall, dass der Versicherungsagent etwa behauptet, er habe angenommen, dass sich der Versicherungsnehmer bereits die Zustimmung nachträglich erwirkt habe, so wäre wohl die durch Unterlassung der Rüge begangene Inkorrektheit des Versicherungsnehmers gleich mit der für den Versicherungsnehmer verhängnisvollsten Folge zu strafen, doch zu hart.

Der Sachlage entspricht es wohl, in dem Schweigen, beziehungsweise in dem Säumnis des Versicherungsnehmers, eine konkludente Handlung nicht zu erblicken, sondern vielmehr dem schweigenden Versicherungsnehmer den Beweis eines vertragswidrigen Vorganges aufzuerlegen.

Tatsächlich hat der oberste Gerichtshof in einem konkreten ähnlichen Falle eine derartige Entscheidung gefällt, indem er die erstinstanzlichen Urteile abänderte und erkannte, der geklagte Versicherungsnehmer habe die Police nur dann zu bezahlen, wenn der Direktor der betreffenden Versicherungsgesellschaft beeidet, es sei seines Wissens und Erinnerns nicht wahr, dass der Geklagte dem Agenten erklärt habe, er gehe die Versicherung nur ein, wenn sein Schwiegervater dies genehmigte, und dass der Agent dem Angeklagten kurz darauf mitgeteilt habe, sein Schwiegervater sei einverstanden; im Rückschiebungsfalle wären die Eide vom Geklagten ohne den Beisatz „des Wissens und Erinnerns“ bejahend abzulegen.

Die diesbezüglichen Entscheidungsgründe gehen dahin, dass die Zustimmung des Schwiegervaters eine „Bedingung zur Eingehung der Versicherung“ bildete und wenn der Geklagte in dieser Richtung von dem Mandatar der klagenden Firma getäuscht wurde, dann kam ein rechtswirksamer Vertrag überhaupt nicht zustande. Die eventuelle Irreführung betreffe die Hauptsache, nämlich das Zustandekommen des Versicherungsvertrages an sich, und der Agent muss als zur Entgegennahme eines derart bedingt gestellten Antrages berechtigt angesehen werden, weil er zur Einsammlung von Anträgen ermächtigt war und eine Einschränkung dieser Ermächtigung dem Geklagten nicht bekannt gegeben wurde. Die einzelnen Normen der Versicherungsbedingungen binden den Antragsteller nicht, falls er den Versicherungsvertrag überhaupt nicht einging. Der § 887 könne deshalb nicht in Anwendung kommen, weil es sich nicht um die in dem Antrage zum Ausdrucke gelangte Willenserklärung, sondern um die bei der vorangegangenen Besprechung bedingt abgegebene Erklärung handelt, über welche eine Urkunde überhaupt nicht errichtet wurde.

---

§ 45.

Nichteinbeziehung der Lebensversicherungs-Police in den Nachlass. Unstatthaftigkeit der Exekutionsführung. Verbot auf dieselbe seitens des Erbschaftsgläubigers.

Bereits früher wurde unsere diesbezügliche Ansicht entwickelt. Es liegt nun folgender Tatbestand zu Grunde: Nach dem Tode des X., welcher bei der Lebensversicherungsanstalt C. sein Leben für 2000 Gulden versichert hatte, suchte der Gläubiger für seine Forderung, welche er gegen den Verstorbenen hatte, das Verbot auf die obige Versicherungssumme an. Mehrere Gerichte bewilligten dieses Verbot und wurde der Auftrag der Direktion der Versicherungsanstalt dahin erteilt, den Teilbetrag der Summe nicht dem Überbringer der auf den Namen des Verstorbenen lautenden Police, sondern dem Gläubiger oder seinem gehörig ausgewiesenen Bevollmächtigten auszufolgen. Der k. k. oberste Gerichtshof hat mit der E. vom 10. März 1886, Zahl 2553, Gl.-Ung. No. 10966, das betreffende Ansuchen abgewiesen. Auch in diesem Falle stehen in der Wissenschaft zwei Ansichten sich schroff gegenüber.

Nach der einen Ansicht ist das Recht des Versicherungsnehmers auf Dritte gar nicht übertragbar. Diese Ansicht wird insbesondere von der französischen und italienischen Jurisprudenz vertreten [vgl. Vivante III. No. 164, Italien. H. G. B. Art. 453 u. Art. 699. Rehfous, Referat S. 49 u. fg.]. Nach der anderen Ansicht hat das Recht vermögensrechtlichen Wert und Charakter und kann mit dem Versicherungsanspruche übertragen und veräussert werden [Seufferts Archiv, Band 47 No. 225, Urteil des R. G. vom 23. März 1891,

Urteil des O. L. G. Frankfurt vom 22. September 1890 in G. Z. Band 44, Rechtsprüche No. 505, Bundesgericht Band 20 S. 194, Zeitschrift für schweizerisches Recht, N. F., Band 4, S. 581 u. 585].

Der Entwurf des schweizerischen Bundesgesetzes über den Versicherungsvertrag [im Auftrage des schweizerischen Bundesrates von Professor Dr. Rölli verfasst] schliesst sich unseres Erachtens in diesem Falle mit Recht der letzteren Auffassung an. Es dürfen hier, insbesondere in dem Falle, als die Police au porteur noch in dem Nachlasse des Verstorbenen zur Zeit des Todes des Versicherungsnehmers sich befand, sohin ein vom Erblasser ganz genau bezeichneter, bestimmter „Begünstigter" nicht vorhanden ist, die Gläubiger in ihren Rechten nicht verletzt werden.

---

§ 46.

Die Annahme der Police verpflichtet zur Zahlung der policenmässigen Prämie. Perfektion des Versicherungsvertrages auch vor Beginn der Haftung des Versicherers. Eine Prämienvereinbarung mit den Agenten ist im allgemeinen unwirksam.

Ist nach dermaligem österreichischen Rechte es notwendig, dass bereits **im Antrage** eine Vereinbarung rücksichtlich der Höhe der Prämie enthalten sein muss? Oder genügt es, wenn die Prämie erst viel später in der Police bestimmt wird? Ist ein Agent berechtigt, eine Vereinbarung über die Höhe der Prämie zu treffen? A. unterfertigt einen Versicherungsantrag und übersendet denselben der Generalagentschaft, der Antrag ist von ihm eigenhändig unterschrieben, der Prämiensatz ist im Antrage zur Zeit der Unterfertigung nicht enthalten. Die Police, die nachträglich dem Versicherungsnehmer übersendet wird, wird von dem Versicherungsnehmer angenommen, zwar die höhere Prämie sogleich beanstandet, die Police jedoch an die Versicherungsgesellschaft aus dem Grunde nicht zurückgesendet, weil der

Versicherungsnehmer von der Ansicht ausgeht, dass der höhere Prämiensatz auf einem Irrtum beruhe und weil er deshalb den Versicherungsvertrag nicht als gültig ansieht. Darin, dass die Police nicht sofort zurückgesendet wurde, muss de lege lata angenommen werden, dass der Versicherungsnehmer nachträglich den höheren Prämiensatz acceptierte. Denn in jedem Versicherungsantrage ist die Bestimmung enthalten, dass der Antragende die „allgemeinen Versicherungsbedingungen“ kenne. Diese in der Police enthaltenen allgemeinen Bedingungen bestimmen:

„Durch die von seiten des Versicherten erfolgte An-“ „nahme der Police, sowie der etwa dazu erteilten Verän-“ „derungs-Genehmigungen wird das Einverständnis mit den“ „darin enthaltenen Bestimmungen konstatiert.“

Es muss daher als eine konkludende Handlung im Sinne des § 863 a. b. G. B. angesehen werden, wenn der Antragsteller die ihm zugesandte Police annimmt. Die Einsendung des Antrages, ohne dass die Höhe der Prämie enthalten war, wird als eine Zustimmungserklärung zur Bestimmung derselben durch die Versicherungsgesellschaft angesehen. Eine Irreführung nach § 871 a. b. G. B. liegt nicht vor, da der Agent nicht als Vertragsteil angesehen wird; die Höhe der Prämie erscheint durch die Police erwiesen und der Antragsteller nach § 1288 a. b. G. B. verpflichtet, den versprochenen Preis der Prämie zu bezahlen.

Es ist in einem solchen Falle, wie der k. k. oberste Gerichtshof mit Recht in der Entscheidung vom 10. Dezember 1896, Zahl 14 227 ausgesprochen hat, der Vertrag für den Versicherungsnehmer sofort rechtsverbindlich, für die Gesellschaft jedoch erst dann, bis die Prämie bezahlt war. Die Nichtzahlung der Prämie befreit daher nicht die Gesellschaft von der Verpflichtung eines allfälligen Schadenersatzes; keineswegs wird aber hier bewirkt, dass der Vertrag als aufgelöst zu betrachten und die Verpflichtung des Versicherungsnehmers zur Bezahlung der Prämie erloschen sei. Anders liegt der Fall, wenn bereits bei der Unterfertigung des Antrages eine bestimmte Erklärung des Versicherungsnehmers vorliegt, dass er den Versicherungsvertrag nur unter der Bedingung abschliesst, dass die jährliche Prämie einen genau fixierten Betrag nicht überschreiten darf. Gibt das Organ der Versicherungsgesellschaft eine bedingungslose Zustimmungserklärung ab, und wird in der Police eine höhere Prämie als die vereinbarte vorgeschrieben, so ist der Versicherungsnehmer nicht verpflichtet, die Police anzunehmen, und berechtigt, die Gültigkeit des Versicherungsvertrages anzufechten. Es liegt in einem solchen Falle jedenfalls ein Verschulden des Organes der Versicherungsgesellschaft vor, da es nicht berechtigt war, ohne Vorbehalt der Genehmigung die Höhe der Prämie definitiv zu bestimmen.

---

§ 47.

Rechte der sog. Associationsmitglieder.

Bei jedem Lebensversicherungsvertrage gilt als Grundsatz, dass die seiner Zeit fällig werdende Auszahlung der Lebensversicherungssumme an den Begünstigten, durch etwaige Verpfändungen der Police, seitens des Versicherungsnehmers beschränkt werden kann. Anders ist das Rechtsverhältnis, wenn der Begünstigte als sogenanntes Associationsmitglied dem Lebensversicherungsvertrage beitritt. Häufig enthalten die Versicherungsbedingungen und statutarischen Bestimmungen der Versicherungsgesellschaften die Bestimmung, dass der Begünstigte als „Associationsmitglied" erklärt wird. In diesem Falle pflegt der Versicherungsnehmer in Gegenwart des Begünstigten die Erklärung ausdrücklich abzugeben, dass der Versicherungsvertrag unwiderruflich sein soll. Diese Frage bedarf einer besonderen Erörterung vom Standpunkte des positiven Rechtes. Hat das begünstigte Associationsmitglied hierdurch ein unwiderrufliches Recht auf die Versicherungssumme erlangt? Darf ein solcher Vertrag rechtlich geschützt werden und worin besteht dieser Rechtsschutz? Hier kann nicht einfach die Intention der einen Partei (Versicherungsnehmer) entscheiden, vielmehr kommt es darauf an, ob diese

Intention als solche auch den anderen Parteien erkennbar war (vgl. Ehrenberg, Das Versicherungsrecht Seite 285). Hier bedarf auch das Interesse, das versichert werden soll, einer **kontraktlichen** Vereinbarung (Ehrenberg a. a. O. § 27 S. 293).

Die Rechtsfolge eines solchen Vertrages ist nun die, dass jedwede Verpfändung der Police als ungültig angesehen werden muss. Von mancher Seite, insbesondere von Seite der Versicherungsgesellschaften wurde darauf hingewiesen, dass aus einem solchen Associationsvertrage der Begünstigte nur einen von gewissen Bedingungen abhängigen Anspruch gegen die Versicherungsgesellschaft erlange. Dieser Anspruch werde nicht durch den Eintritt des Erlebensfalles seitens des Begünstigten allein liquid, sondern es setze dieser Anspruch auch die Erfüllung gewisser Verpflichtungen seitens des Versicherungsnehmers als Zeichners und Kontrahenten voraus. Leiste der Zeichner nicht die vertragsmässige Einlage, so könne dies die gänzliche Ungültigkeit des Vertrages, beziehungsweise Reduzierung der Versicherung und des Gewinnanteiles zur Folge haben. Es stehe eine Einflussnahme auf die Aufrechthaltung des Vertrages keineswegs dem Begünstigten zu. — Der Begünstigte habe auch, dem Zeichner gegenüber, kein Recht erlangt; es stehe somit dem Zeichner das Recht zur Verpfändung der Police ohne Zustimmung des Begünstigten zu. Durch eine solche Verpfändung erscheine lediglich die Versicherungssumme vermindert. Zur Reduzierung dieser Versicherungssumme sei der Versicherungsnehmer vollkommen legitimiert, da er dem Begünstigten in keiner Weise verantwortlich sei. Indessen darf in solchen Fällen nicht verkannt werden, dass auch der Begünstigte als Associationsmitglied aus dem Versicherungsvertrage besondere Rechte erlangt. Es muss betont werden, dass, inhaltlich der Urkunde, statutengemäss die Rechte der Associationsmitglieder an andere nicht übertragen werden dürfen, wenn nicht ausser dem Zeichner auch das Associationsmitglied mit dieser Übertragung einverstanden war.

Was nun von der Übertragung gilt, ist auch auf die Verpfändung anzuwenden, die eine eventuelle Übertragung in sich schliesst. Ist in einem solchem Falle die Zustimmung des Begünstigten zur Verpfändung **nicht** erfolgt, so darf die Verpfändung nicht als rechtswirksam erklärt werden. So wurde auch eine derartige Verpfändung vom obersten Gerichtshofe als rechts-unwirksam erklärt. Von diesem Gerichtshofe wurde hierbei hervorgehoben, dass allerdings der Zeichner berechtigt sei, die Zahlung der Prämien einzustellen, dass ihm jedoch keineswegs aus dem, wenn auch nur teilweise erfüllten Vertrage irgend welche Rechte zustehen. — Er könne daher über dieselben demnach auch nicht frei verfügen. — Viel mehr sei lediglich der Begünstigte als Associationsmitglied der alleinige Träger sämtlicher Rechte; ihm **allein** stehe der Anspruch auf den seiner Zeit fällig werdenden Versicherungsbetrag zu und könne sohin einseitig durch allfällige Verpfändung ohne seine Zustimmung sein Anspruch nicht verkürzt werden.

Verhehlt darf hier nicht werden, dass, im Falle einer allfälligen konstanten Judikatur eine gewisse Gefahr für die Versicherungsgesellschaften vorhanden sein wird, indem in vielen Fällen das Motiv zum Abschlusse von Versicherungsverträgen auch die Möglichkeit ist, sich auf die Police hin Darlehen zu verschaffen. Es wird sohin Pflicht der Assekuranzgesellschaften sein, derartige Kautelen zu schaffen, damit jedem Missbrauche der Police gegenüber einem gutgläubigen Dritten, insbesondere jedem Pfandgläubiger gegenüber vorgebeugt werde.

---

§ 48.

Der Feuer-Versicherungsvertrag.

Der Feuer-Versicherungsvertrag gegen Feuersgefahr ist heutzutage einer der am häufigsten vorkommenden Kontrakte. Dessenungeachtet finden wir auch hier in fast keinem europäischen Staate hinreichende Gesetze, unter welche wir die diesfalls vorkommenden Rechtsfälle subsumieren könnten. Diese Klage wurde bereits vor Jahrzehnten von Fachschriftstellern ausgesprochen und sehnsuchtsvollst der Wunsch nach einem Versicherungsgesetze, welches die privatrechtlichen Verhältnisse zwischen Versicherern und Versicherten regeln würde, vorgebracht.

In der älteren Theorie und Praxis wurde der Versicherungsvertrag in die Kategorie des „Hoffnungskaufes" eingereiht; mit Unrecht, denn der Versicherte erkauft sich keineswegs ein **künftiges Recht** des Versicherers.*)

Der Versicherte leistet gewisse Zahlungen, um seiner Zeit in einem festgesetzten Zeitpunkte eine erwünschte Leistung seitens des Versicherers zu erhalten. Der Versicherungsvertrag bildet eine Vertrags-Kategorie für sich. Niemand wird die weite ungeahnte Entwickelung, welche die Versicherer (Assekuranz-Gesellschaften) nachzuweisen haben, leugnen können, und überall — in allen Staaten — wird man ihre segensreiche Tätigkeit anerkennen müssen, wenn auch lange Zeit die Organisation derselben grosse Fehler nachwies. Man war daher früher vor allem bestrebt, das Hauptgewicht auf deren richtige Organisation zu lenken.**)

Es hat sohin auch bei dem Feuerversicherungswesen vorerst das sogenannte „öffentliche Assekuranzrecht", d. i. der Inbegriff der Rechtsnormen, welche die Verhältnisse der Versicherer und der Versicherten einerseits, und des Staates andererseits zum Gegenstande haben, in allen Staaten eine viel grössere Ausbildung als das „Privat-Assekuranzrecht" erreicht. Fast in allen Staaten wurden eingehende Normen, betreffend die Zulassung und die staatliche Überwachung des geschäftlichen Betriebes der Feuerversicherungsgesellschaften, erlassen. Überdies war jedoch das Bestreben sowohl der Regierungen als der Versicherer, im Interesse der Versicherten darauf gerichtet, Normen, welche die Rechtsverhältnisse der Versicherer und der Ver-

*) Vgl. L. Goldschmidt, System des Handelsrechtes. Stuttgarts. Verlag von Ferdinand Encke.

**) Vgl. La societá di assicurazione. Relazione, e proposte presentale al Consiglio dell industria e del commerzio, nella sessione ordina ria dell anno 1879. dal. Comm. M. Romanelli. —

sicherten genau unter einander präzisieren sollten, zu erhalten. Das holländische, italienische, belgische Handelsgesetz, sowie das Privatrecht von Zürich behandeln die Versicherung in ihrer **Gesamtheit.** Ebenso geht das ungarische Handelsgesetz von demselben Grundsatze aus.*)

Auch der Entwickelung des Feuerversicherungswesens wurden Hindernisse entgegengesetzt, welche jetzt fast unglaublich erscheinen. So sollen im Jahre 1782**) die württembergischen Landstände gegen die Gründung einer Feuerversicherungsanstalt deshalb eine Vorstellung überreicht haben, da man „durch die Errichtung derselben die strafende Hand Gottes“ „zu sehr einschränke“ und wurde insbesondere angeführt, „Ja“: „wenn alles versichert würde,“ „womit soll dann der liebe Gott strafen!!“

So hat auch 1783 der Magistrat von Düsseldorf bei Hof um Aufhebung der damals eingeführten Blitzableiter angesucht, da das Volk damals daran glaubte, dass die Blitzableiter die Gewitter anzögen. Welch' enorme Verbreitung die **Feuer**versicherung bereits erlangt hat, kann man aus nachstehenden wenigen Daten ersehen:

In Österreich bestanden im Jahre 1893: 8 Landesanstalten, 22 gegenseitige Versicherungsanstalten und 13 inländische Aktiengesellschaften. Die Versicherungssumme betrug bei den Landesanstalten im Jahre 1893: Gebäude: 2781107000 Gulden. Mobilien: 709581000 Gulden,***) bei den wechselseitigen Anstalten: 2966667000 Gulden. Ausser diesen Gesellschaften bestehen in Österreich noch lokale Feuerversicherungsanstalten, die man mit den Namen „Bauernassekuranz“ bezeichnet. Ende 1891 bestanden — zufolge der „statistischen Monatsschrift“ — 302 „Ver-

*) Vgl. Dr. Hugo Beck, Advokat in Budapest: „Das ungarische Versicherungsgesetz.“ Im Assekuranzjahrbuch Ehrenzweig 1885. — Dr. Leo Derblich: Über die notwendigen Eigenschaften und Merkmale eines neuen österreichischen Assekuranzgesetzes. Im Assekurranzjahrbuch Ehrenzweig 1894.

**) Reichsfreiherr Dr. Otto v Bonnigk: Zur Geschichte der Feuerversicherung. Im Assekuranzjahrbuch Ehrenzweig 1895. — A. L. Schlötzer Staatsanzeiger (1782—1783).

***) Die Versieherungsgesellschaften in Österreich-Ungarn im Jahre 1893 von B. Jiranyi.

sicherungsvereine“ in Österreich, von denen 1893 drei neue entstanden sind.

Im Jahre 1890 bestanden in Deutschland nachstehende Gesellschaften:

In Preussen. Societäten: 10 mit Monopolzwang (in Berlin, Breslau, Thorn, Stettin, Hessen-Cassel, Nassau) 24 ohne Monopol;*) im übrigen Deutschland: 15 mit Monopol (Sachsen, Bayern, Pfalz, Württemberg, Baden, Hessen, den meklenburgischen Domänen, Oldenburg, Weimar, Altenburg, Braunschweig, Anhalt, Detmold, Waldek, Hamburg); ohne Monopol (Sächsische Genossenschaften, Genossenschaft der Ritterschaft in Rostock, Weimar, Gotha, Lübeck, Lübeck-Vorstädte); private Gegenseitigkeits-Gesellschaften: 19 die nicht auf ein bestimmtes Gebiet beschränkt waren; 235 kleinere lokale Vereine. Davon in Preussen: für Immobilien 56; für Mobilien (111 in Schlesswig-Hollstein, 33 in Hannover); Aktiengesellschaften 30. Die Zeitschrift des königlich-preussischen statistischen Bureaus gibt bereits für das Jahr **1888** an: Preussische Societäten 35 [davon 12 auch für Mobilien); ausserdem 7 Domänenkassen; ausserhalb Preusens: 29, zusammen sohin 64 und 71. Grössere private Gegenseitigkeitsgesellschaften 20; Aktiengesellschaften 29. [Vgl. Lemcke, Berlin, a. a. O.]

---

§. 49.

Das Prinzip, auf welchem das Feuerversicherungsgeschäft beruht.

Das Feuerversicherungsgeschäft beruht auf dem Grundsatze der Verteilung der Gefahr. Dies ist das hauptsächlichste, charakteristische und wichtigste Merkmal, das diesem nunmehr so ausgebreiteten Rechtsgeschäfte innewohnt.

Das Feuerversicherungsgeschäft schliesst an und für

---

*) Vgl. Reichsfreiherr Dr. Otto v. Könnigk a. a. O. S. 7.

sich die **Lokalisierung** aus.*) Es ist infolge der Überproduktion der Versicherungsgesellschaften und durch die gegenseitige Konkurrenz, in betreff der Prämien, jetzt schon ausserordentlich gedrückt. Die Folge dieser Konkurrenz ist die, dass es dermalen kaum möglich sein wird, diese Prämien noch weiter herabzumindern. Sollte eine solche Herabminderung erfolgen, so ist immerhin die Gefahr vorhanden, dass eventuell das Vermögen der Aktionäre, bezw. der gegenseitigen Gesellschaft, einer Gefahr ausgesetzt wäre. Aus dem mehrmals erwähnten Grunde [nämlich, da es in Österreich an einer gesetzlichen Regelung des Versicherungswesens fehlt (insbesondere was die privatrechtliche Seite anbelangt) und das Privatversicherungsrecht nur in den wenigen Paragraphen des allg. bürgerl. Gesetzb. vom Jahre 1811 besteht], ist auch für die Geltendmachung jeden Anspruches aus dem Feuerversicherungsgeschäfte vor allem der „Versicherungsvertrag“: das ist die Versicherungspolice, massgebend. Diese ist das Instrument, aus welchem Versicherer und Versicherungsnehmer ihre Rechte ableiten können. Entscheidend ist sohin der Wortlaut der Police, in zweiter Linie der Wortlaut der Statuten der Gesellschaft, **insoweit** der Vertrag darauf Bezug nimmt.

---

§ 50.

Voraussetzung zur Geltendmachung der Ansprüche der Versicherungsnehmer aus dem Feuer-Versicherungsvertrage.

Die erste Voraussetzung, welche den Versicherungsnehmer zur Geltendmachung eines Anspruches aus dem Feuer-Versicherungsvertrage überhaupt legitimiert, ist die strikteste, genaueste Erfüllung der ihm in der Police auferlegten Verpflichtungen, sohin: Nachweis der erfolgten, regelmässigen Zahlung der Prämien, rechtzeitige

*) [Dr. Ernst Rellstab: Der Feuerversicherungsinspektionsdienst, Jahrbuch. Ehrenzweig, Wien 1881.]

Anzeige des erlittenen Schadens. Liegt der Tatbestand vor, dass der Versicherungsnehmer alle ihm obliegenden Pflichten genau erfüllt hat, so erfolgt die Ausmittelung und der Zuspruch der Entschädigungssumme seitens des Versicherers.

---

§ 51.

Voraussetzungen einer fälligen und liquiden Entschädigung.

Die Entschädigung ist fällig und liquid, falls

1. der Beschädigte alle seine Verpflichtungen genau erfüllt hat, und

2. er seine Schuldlosigkeit an der Entstehung des Brandes nachgewiesen hat. Wie dieser Nachweis erbracht werden soll, ist *quaestio facti.* Gewisse Versicherungsgesellschaften verlangen ausdrücklich den Nachweis durch Vorbringung eines behördlichen Zeugnisses. Für den Abschluss des Feuer-Versicherungsvertrages ist auch hier keine besondere Form vorgeschrieben.

Auch der Feuer-Versicherungsvertrag ist ein Konsensualvertrag.

Es genügt jedoch noch nicht die blosse Willenseinigung der Parteien über die wesentlichen Punkte, um einen Feuer-Versicherungsvertrag zu begründen. Dagegen ist auch bei einem Konsensualvertrage die Verabredung, künftig einen Vertrag zu schliessen, schon als ein Vertrag aufzufassen, sobald die wesentlichen Punkte desselben festgesetzt waren und die Zeit der Abschliessung bestimmt wurde.

In der Erklärung einer Person, dass ein bereits früher abgeschlossener Vertrag in einem bestimmten Zeitpunkte wieder in Kraft treten solle, und in der Annahme dieser Erklärung vom bevollmächtigten Agenten der Gesellschaft liegt bereits eine Willenseinigung und wird durch diese Abgabe der Erklärung, sowie Annahme derselben ein neuer Versicherungsvertrag abgeschlossen.

---

§ 52.

Voraussetzungen des Abschlusses des Feuer-Versicherungsvertrages nach österreichischem Rechte.

Die Ausstellung einer Versicherungsvertrags-Urkunde (Police), Beschreibung des zu versichernden Objektes, sowie auch der Umstand, dass dasselbe zur Zeit der Abschliessung des Vertrages bereits existent war, sind keineswegs wesentliche Erfordernisse für das Zustandekommen eines Versicherungsvertrages.

Die Verpflichtung der Gesellschaft gegenüber dem Versicherten, sowie umgekehrt (da es sich ja um einen zweiseitig verbindlichen Vertrag handelt), bestimmt sich nach den am Rücken der Police befindlichen Versicherungsbedingungen, also, zugleich nach dem Inhalte der Police.*)

Die Police enthält 1. das Verzeichnis der versicherten Objekte, 2. den versicherten Betrag und den nach Beschaffenheit des Objektes entfallenden Prämienbetrag.

---

§ 53.

Rechte der Gläubiger im Falle der Liquidation einer gegenseitigen Versicherungsgesellschaft.

Nach § 1288 und 1289 a. b. G. B. gehört zum Wesen des Versicherungsvertrages ein der Versicherung unterliegendes Objekt und bildet bei Versicherungsverträgen, betreffend die Gegenstände, die etwa erst entstehen werden, die **Beschreibung und Beschaffenheit** der zu versichernden Gegenstände, die Grundlage zur Bemessung des in Aussicht gestellten Schadenersatzes und der vom Versicherten zu entrichtenden Prämie.

Der Versicherungsnehmer kann den Versicherungsvertrag entweder mit einer Aktiengesellschaft oder mit

*) Entscheidung des k. k. obersten Gerichtshofes vom 5. Juli 1892, Z. 7581, Juristische Blätter No. 32. 1892.

einer auf dem Prinzipe der Gegenseitigkeit gegründeten Gesellschaft abschliessen. Im letzteren Falle ist er, falls ihn ein Brandschaden trifft, gleichzeitig Mitglied und Gläubiger der Gesellschaft. Wurde bei einer solchen Versicherungsbank die Liquidation beschlossen, so entsteht die Frage, ob der durch das Brandunglück Beschädigte, im Falle keine verfügbaren Gelder vorhanden sind, sofort berechtigt ist, von der Gesamtheit der Mitglieder Ersatz zu verlangen, oder ob er, als Gesellschafter, vorerst das Ergebnis der Liquidation abwarten muss. Es ist Pflicht des von der Generalversammlung gewählten Liquidationskomitees, die Verbindlichkeiten der aufgelösten Gesellschaft zu erfüllen. Die Gesellschafter müssen daher allerdings mit ihren Ansprüchen an das Vermögen der Gesellschaft das Ergebnis der Liquidation abwarten.

Als Gläubiger hat der Gesellschafter jedoch auch noch eine andere rechtliche Stellung und ist daher, falls nicht eine Bestimmung in den Statuten enthalten ist, dass das versicherte Mitglied, im Falle der Liquidation der Bank, auf die Befriedigung seiner Schadenersatzforderung zu warten hat, bis hinreichende Barmittel vorhanden sind, berechtigt, sofort seine Forderung geltend zu machen.

---

§ 54.

Beweispflicht des Versicherungsnehmers und der Versicherungs-Gesellschaft bei dem Feuerversicherungsvertrage.

Bei Abschluss des Versicherungsvertrages erscheint eine ausserordentliche Vorsicht notwendig. Denn es liegt der Partei, die sich auf eine Privaturkunde beruft, nicht der Beweis ob, dass Derjenige, welcher die fragliche Urkunde unterschrieben hat, von dem Inhalte Kenntnis genommen habe und mit diesem Inhalte vollkommen einverstanden war; es erscheint vielmehr Sache desjenigen, welcher ein Schriftstück unterzeichnet hat, und durch diese Unterzeichnung die Erklärung, die in derselben enthalten ist, zur seinigen gemacht hat, sich **vorher** darüber Klarheit zu verschaffen, ob diese Erklärung mit seinem Willen übereinstimmt.*)

Ja, sollte die fragliche Police bei Unterfertigung derselben noch unausgefüllte Stellen enthalten, so wird **vorläufig** d. i. bis auf die etwaige nachträgliche Geltendmachung und Erweisung eines anderen Umstandes angenommen, dass der Aussteller der Person, welche die Urkunde aus seinen Händen erhält, auch die weitere Ausfüllung derselben überlässt. Wenn daher der Versicherungsnehmer nachträglich behauptet, dass der Feuerversicherungsvertrag nicht seine wahre Willenserklärung enthält, sondern, dass er durch falsche Angaben irregeführt und auf diese Weise veranlasst wurde, der Urkunde seine Unterschrift beizusetzen, so trifft **ihn** die Beweislast.

Im Falle der Nichtzahlung der vereinbarten Versicherungssumme seitens der Versicherungs-Gesellschaft erübrigt bloss der Rechtsweg, um die der Gesellschaft obliegende Verpflichtung zu erzwingen.

Beweis des Schadens durch die Wirtschaftsbücher.

Bei beweglichen Sachen muss der Versicherte mittels aller ihm zu Gebote stehenden Belege, **vorzüglich** aber, wenn es Vorräte betrifft, mittels der in Ordnung geführten „Lager- oder Wirtschaftsbücher“ die Richtigkeit seiner Angaben beweisen. Es ist hiermit dem Versicherungsnehmer eine schwierige Beweislast auferlegt und hat für den Fall, als die Entschädigung von den Parteien nicht im Einverständnisse erfolgt, infolge gerichtlicher Klage, der Richter nach den Regeln der allgemeinen Prozessordnung zu entscheiden.

Das Wort „vorzüglich“ in den Statuten der Versicherungsgesellschaft hat keineswegs den Sinn, dass die Quantität der verbrauchten Vorräte nur durch „Wirtschaftsbücher“ erwiesen werden kann, sondern bloss, dass diese Bücher ein hauptsächliches Beweismittel

*) Vgl. E. des k. k. O. G. H. vom 6. Juni 1884 Z. 5033; Pol. a. a. O. No. 89.

bilden; es war daher auch in diesem Falle nach der früheren österr. Civilprozessordnung der „Schätzungs- und Haupteid“ über den erlittenen Schaden zulässig.*)

Mit der Ministerialverordnung vom 18. August 1880 Z. 110 R. G. Bl. wurde den Versicherungsgesellschaften die Aufstellung allgemeiner Versicherungsbedingnisse zur Pflicht gemacht und sind für den Inhalt derselben besondere Vorschriften erflossen.**) Der Kläger hat nicht nur den Unfall, sondern auch den hierdurch verursachten Schaden, sowie auch den Umfang des Schadens zu beweisen. Der Schaden ist die Tatsache, aus welcher der Kläger sein Recht ableitet; es erscheint daher der Umfang des erlittenen Schadens auf das Mass des zu leistenden Ersatzes von Einfluss.

Auch die Feuerversicherung darf dem Versicherungsnehmer oder seinem Rechtsnachfolger nicht zur Bereicherung dienen, sondern ihn nur vor Schaden bewahren [§ 1288 a. b. G. B.].

Der vereinbarte Wert der versicherten Gegenstände bildet die äusserste Grenze der Ersatzpflicht.

Diese Vereinbarung enthebt nicht den Versicherten des Beweises des Vorhandenseins der verbrannten Gegenstände zur Zeit des Unfalles.

Die Voraussetzungen der Berechtigung der Versicherungsgesellschaft, den Ersatz des Brandschadens zu verweigern.

Die geklagte Gesellschaft ist berechtigt, dem Versicherten jede Bezahlung einer Entschädigung zu verweigern, wenn der Versicherte, in der speziellen Nachweisung der, im Augenblicke des Schadenfalles, in denjenigen Räumen, für welche die Versicherung galt, vorhanden gewesenen Gegenstände, sich einer **unerlaubten**, unwahren Angabe oder Verschweigung schuldig macht oder wenn er die Gesellschaft oder die Beauftragten derselben durch falsche Angaben, über den Schaden und dessen Ursachen, zu täuschen gesucht hat.

*) Vgl. § 217 der alten Civ. P. O., E des k. k. O. G. H. vom 16. Juli 1878 Z. 5070 [No. 43; Pol. a. a. O.].

**) Vgl. § 10 Z. 4 der citiert. Min. Verordnung.

§ 55.

Die Verpflichtungen der Agenten bei Abschluss des Feuerversicherungsvertrages.

Auch der Feuerversicherungsvertrag wird in der Regel vom Versicherten durch Unterfertigung des von einem Organe der Gesellschaft dem Versicherungsnehmer vorgelegten Versicherungsantrages abgeschlossen.

Diese Organe (Agenten, Subagenten, Inspektoren) handeln als Bevollmächtigte der Gesellschaft und sind den Assekuranzwerbern gegenüber verpflichtet, bei Aufnahme des Versicherungsantrages alle Rubriken desselben, genau nach den Angaben der Versicherungsnehmer auszufüllen und sie auf die Gefahr des im Falle unrichtiger Angaben nach den Statuten der Anstalt eintretenden Verlustes der Entschädigungsansprüche aufmerksam zu machen. Insbesondere sind dieselben daher verpflichtet, den Versicherungsnehmer, nach vorheriger Ausfüllung aller Rubriken des Versicherungsantrages, zum Überlesen der in dem Versicherungsvertrage enthaltenen Klauseln aufzufordern, resp. ihm dieselben vorzulesen. Werden daher die Rubriken in dem Versicherungsantrage vom Agenten unrichtig ausgefüllt, so trifft allerdings an und für sich die Versicherungsgesellschaft keine Verpflichtung zur Leistung eines Ersatzes. Hält jedoch der Versicherungsagent den Assekuranzwerber zur Unterzeichnung des noch nicht ausgefüllten Versicherungsantrages an und benimmt ihm so die Gelegenheit, sich von der Richtigkeit der Ausfüllung aller Rubriken zu überzeugen, so handelt er **pflichtwidrig:** es liegt eine Vernachlässigung vor; er ist nicht allen seinen Amtsobliegenheiten nachgekommen und kann für den dem Versicherungsnehmer etwa entstandenen Schaden verantwortlich gemacht werden.*)

Die Versicherungsgesellschaft ist an ein dem Versicherten gemachtes Angebot eines Ersatzes nur so weit gebunden, als er dasselbe binnen einer bestimmten Zeit annimmt.

---

*) Vgl. E. des k. k. O. G. H. vom 7. November 1871, Z. 6881, No. 4298 Glas.-Ung.

Wird jedoch der angebotene Betrag vom Versicherungsnehmer abgelehnt, später jedoch die Versicherungssumme vom Versicherungsnehmer eingeklagt, so kann der Versicherungsnehmer, falls der Sachverständigenbeweis **gegen** ihn ausfällt, nicht mehr beanspruchen, dass der gerichtlichen Entscheidung der von der Versicherungsgesellschaft angebotene etwa höhere Betrag zu Grunde gelegt werde.*)

Damit jedoch der Feuerversicherungsvertrag überhaupt als ein „rechtsverbindlicher Vertrag“ erkannt werde, dürfen der diesbezüglichen Willenserklärung der Parteien die im § 869 a. b. G. B. festgesetzten Bedingungen der freien, ernsten, bestimmten und verständlichen Willenserklärungen niemals fehlen.

---

§ 56.

Abschluss eines Versicherungsvertrages über Gegenstände, welche noch nicht vorhanden sind.

Die Gebäude gehören ihrer rechtlichen Natur nach zu den unvertretbaren Sachen.

Der Untergang derselben behebt daher nach § 1447 a. b. G. B. jede Verbindlichkeit, bewirkt also die **Auflösung** des Assekuranzvertrages. Durch Privatdispositionen können jedoch auch ihrer Natur nach unvertretbare Sachen als „vertretbare“ behandelt werden, indem die Parteien ausdrücklich oder stillschweigend erklären, dass ihnen die einzelne Sache als solche gleichgültig ist und durch eine andere derselben Gattung ersetzt werden kann.

Der Umstand, dass neue Gebäude zur Zeit der Abgabe der Willenserklärung noch nicht hergestellt, nicht fertig waren, der Aufbau derselben überhaupt noch gar nicht in Angriff genommen war, verstösst nicht gegen das Wesen des Versicherungsvertrages. Nicht bloss eine schon vorhandene, sondern auch eine erst entstehende Wertsache kann daher gegen Schadensgefahr versichert werden.

*) E. vom 26. Mai 1886 [Z. 4873, Pol. a. a. O. S. 195].

Vertragshindernisse bei dem Feuerversicherungsvertrage.

Es ist nach den §§ 1288 und 1289 a. b. G. B. durchaus nicht notwendig, dass das Versicherungsobjekt zur Zeit des Abschlusses bereits existierte. Nach dem Sinne und Geiste des Gesetzes kann jede schätzbare Sache ohne Unterschied, ob sie bereits vorhanden ist oder erst geschaffen werden soll, den Gegenstand der Versicherung bilden.*) Damit ein Vertrag als „nicht zustande gekommen" anzusehen sei, muss ein Vertragshindernis im Sinne des § 870 a. b. G. B. vorhanden sein, also Umstände, durch welche die Partei etwa in ungerechte, gegründete Furcht versetzt und dadurch zur Abgabe einer Erklärung gezwungen wurde.

Die in der Quittung über die von einer Assekuranzgesellschaft erhaltene Schadensumme, unter der Voraussetzung der Gebäudeherstellung abgegebene Erklärung, dass der Versicherungsvertrag in einem bestimmten späteren Zeitpunkte wieder in Kraft treten solle, enthält kein blosses „*pactum de contrahendo*", sondern konstituiert einen rechtsgültigen Versicherungsvertrag.**)

---

§ 57.

Ist eine Versicherung eines Objektes bei mehreren Versicherungsgesellschaften nach österreichischem Rechte gültig?

Ist die Versicherung desselben Reales bei mehreren Versicherungsgesellschaften nach österr. Rechte zulässig?

An und für sich ist nach österr. Rechte die gleichzeitige Versicherung **nicht** unzulässig; nur darf selbstverständlich die Versicherung nicht mit der Absicht, auf Erzielung eines Gewinnes, von seiten des Versicherten

---

*) Vgl. E. des k. k. O. G. H. vom 5. Juli 1892, Z. 7581. [Juristische Blätter 1892 No. 32.]

**) Vgl. E. des k. k. o. G. H. vom 1. Juli 1892, Z. 7581. [Juristische Blätter.]

verbunden sein. Bei einem flüchtigen Blicke auf die neuere österreichische Judikatur, welche diesbezüglich mit der Judikatur des Deutschen Reiches im Einklange steht, scheint aus derselben als Grundsatz hervorzuleuchten, dass „die gleichzeitige Versicherung eines Reales bei verschiedenen Versicherungsgesellschaften als ausgeschlossen anzusehen sei".

Begründet ist diese Ansicht jedoch insofern, als eine „doppelte Versicherung", d. i. eine Versicherung **desselben** Gegenstandes bei mehreren Versicherern gegen dieselbe Gefahr, derart, dass sämtliche Versicherungssummen den Versicherungswert übersteigen, als ungültig erklärt werden muss, falls die „doppelte Versicherung" in der Absicht geschlossen wurde, um einen Vermögensvorteil zu erzielen. Sollte jedoch ein Reale bei mehreren Versicherern derart versichert sein, dass bei den verschiedenen einzelnen Gesellschaften **Teilwerte** des Gebäudes angegeben wurden, so ist kein Grund vorhanden, weshalb ein solcher Vertrag, welchen der Versicherungsnehmer, um sich eine sogenannte „mehrere" Sicherheit zu verschaffen, oder die Gefahr auf die einzelnen Versicherer zu verteilen, abschloss, als nichtig zu erachten wäre.*)

Von einem bedeutenden Versicherungsrechtslehrer wurde ein Gesetzentwurf ausgearbeitet, in welchem die einzelnen Bedingungen, bei welchen die „doppelte" Versicherung als nichtig zu erklären wäre, angegeben wurden. Eine **Not**versicherung als Ergänzungsversicherung wurde als gültig erklärt.**)

Die österreichische Judikatur ist diesbezüglich kontrovers. So lag dem obersten Gerichtshofe ein Fall vor,***) bei welchem gleichzeitig, betreffs derselben Objekte, eine

*) Vgl. Ehrenberg, Professor an der Universität in Göttingen: „Doppelte Versicherung" in den Jahresbüchern für Dogmatik und im Assekuranz-Jahrbuch von Ehrenzweig. V. Band.

**) Vgl. Ehrenberg a. a. O. S. 17. Dann E. des k. k. o. G. H. vom 24. September 1885, Z. 11194. — Rostocil: „Die Entscheidungen des k. k. obersten Gerichtshofes in Versicherungs-Rechtssachen". Im Assekuranz-Jahrbuch von Ehrenzweig. XVI.

***) Vgl. E. des k. k. o. G. H. vom 26. Mai 1886, Z. 4873.

dreifache Versicherung stattfand, welche dessen ungeachtet aber durch alle Instanzen als gültig erkannt wurde, ohne gerügt zu werden; andererseits wurde eine Klage einer Assekuranzgesellschaft auf Zahlung der Prämie, nebst anderen Gründen, auch aus dem Grunde abgewiesen, da die „gleichzeitige Versicherung eines Reales bei“ „verschiedenen Versicherungsgesellschaften als grund-“ „sätzlich ausgeschlossen anzusehen sei“.

§ 58.

Wozu ist die Brandschadensumme zu verwenden?

Die Tabulargläubiger der versicherten Realität sollen durch eine anderweitige Verwendung der Brandschadenvergütung **nicht** geschädigt werden, und kann daher auch die Einverleibung eines exekutiven Pfandrechtes ob dem von einer Assekuranzgesellschaft dem Schuldner geleisteten Brandschadenvergütungsbetrage nicht bewilligt werden.

Diese Brandschadenvergütungen dürfen daher ihrem Zwecke, der Wiederherstellung der durch Feuer zerstörten Gebäude nicht entzogen werden und sollen dadurch die Hypothekargläubiger nicht in ihren Rechten verkürzt werden.

Die Versicherung des Mobilars bei Versicherung von Häusern erscheint als ein zweites nebenhergehendes Assekuranzgeschäft; es findet jedoch auch hier das Hofdekret vom 18. Juli 1828, Z. 2354 J. G. S. dann Anwendung, falls die Mobilien als „Zugehör“ der Immobilien anzusehen sind. Denn der „*fundus instructus*“ ist schon kraft positiver gesetzlicher Bestimmung [§ 296 a. b. G. B.] „Zubehör“ der Liegenschaft. Schon aus diesem Grunde ist auf diesen *fundus instructus*, bezw. auf den diesfälligen Assekuranzbetrag, das Hofdekret vom 18. Juli 1828, Z. 2354, welches die Rechte der Hypothekargläubiger schützt, anzuwenden.

§. 59.

Wie gross darf die Höhe der Schadenersatzsumme sein?

Der Beschädigte kann in der Regel nur den Ersatz des wirklich erlittenen Schadens begehren [§§. 1293, 1295, 1323 a. b. G. B.]. — Eine weitere Schadloshaltung soll er nach ausgesprochener Rechtsanschauung dann beanspruchen können, falls etwa später hervorkommt, dass, an den versicherten Gebäuden z. B. grössere Adaptierungen erfolgt sind, welche in der dem Versicherungsnehmer bezahlten Versicherungssumme keine Deckung gefunden haben.

Unseres Erachtens kann auch in diesem Falle die **Differenz**, welche sich aus dem Werte der nach der Versicherung des Gebäudes aufgewendeten Adaptierungskosten und dem auf diese Adaptierungskosten verhältnismässig entfallenden Quotenbetrage der bezahlten Entschädigung, als nicht gedeckte Schadenhöhe ergibt, **nicht** gefordert werden, da es Pflicht des Versicherungsnehmers in einem solchen Falle war, **sofort** nach Vollendung der Adaptierungen noch während der Dauer der Versicherung, vor Eintritt des Feuers die Anzeige hiervon an die betreffende Versicherungsgesellschaft zu erstatten und sohin einen höheren Wert zur Versicherung anzumelden.*)

---

§. 60.

Ist ein Mieter berechtigt, das Haus bei einer Versicherungsgesellschaft zu versichern?

Ist der Mieter eines Hauses berechtigt, dieses Objekt selbst bei einer Assekuranzgesellschaft gegen Feuersgefahr versichern zu lassen? Ist die Versicherungsgesellschaft auch in diesem Falle verpflichtet, falls das Haus nachher abgebrannt ist, den Brandschaden zu vergüten?

*) Vgl. E. des k. k. o. G. H. vom 12. Juli 1888 Z. 4833, aus welcher hervorzugehen scheint, dass der Versicherungsnehmer einen Anspruch auf die obangeführte Differenz hat.

Vor allem gilt der allgemeine Rechtsgrundsatz [der übrigens bei Abschluss eines Versicherungsvertrages überhaupt eine besondere Rolle spielt] dass jede falsche Angabe die Nichtigkeit des Versicherungsvertrages zur Folge haben kann.

Hat sich daher etwa der Mieter des Hauses, der Assekuranzgesellschaft gegenüber, für den Eigentümer des Hauses ausgegeben, oder hat er die Tatsache, dass er nicht Eigentümer der versicherten Realität war, bei Abschluss des Versicherungsvertrages verschwiegen, so kann der Assekuranzgesellschaft die Verpflichtung nicht auferlegt werden, für den erlittenen Schaden Vergütung zu leisten. Denn, wenn auch der Mieter gewiss ein Interesse an der Erhaltung des Besitzstandes hat, so hat andererseits die Versicherungsgesellschaft Anspruch auf wahrheitsmässige Angabe der Rechtsverhältnisse des Versicherungsnehmers und kann schon aus diesem Grunde jeden geltend gemachten Anspruch zurückweisen. War jedoch der Versicherungsgesellschaft der Umstand, dass der Versicherungsnehmer in dem Augenblicke des Vertragsabschlusses nicht Eigentümer des Hauses war, bekannt, so ist sie allerdings zur Leistung des verabredeten Schadensersatzes verpflichtet.*)

---

§. 61.

Was ist Rechtens, wenn mit einer Versicherungspolice mehrere Verträge abgeschlossen wurden und bezüglich eines Vertrages ein Betrug nachgewiesen erscheint?

Die Rechtsgültigkeit eines Ersatzanspruchs kann bestritten werden, wenn mehrere Assekuranzverträge über verschiedene Objekte in einer Assekuranzpolice abgeschlossen wurden, und rücksichtlich eines Objektes den Versicherten ein Verschulden trifft, rücksichtlich des anderen Versicherungsgegenstandes jedoch ein strafbares

*) Vgl. E. des k. k. o. G. H. v. 29. Mai 1855 Z. 5129.

Verschulden oder eine böse Absicht des Versicherten nicht nachgewiesen werden kann.

In vielen Versicherungspolicen findet sich die Bestimmung, dass die Assekuranzgesellschaft berechtigt ist, jede Entschädigung „Zur Gänze" zu verweigern, wenn der Beschädigte mit Rücksicht auf den versicherten Gegenstand eines Betruges schuldig erkannt wurde, wenn er etwa gerettete Gegenstände verbarg und dafür eine Entschädigung in Anspruch nahm, oder wenn er **vorsätzlich** seinen Schaden zu hoch berechnete und mehr als „verloren" angab, als zur Zeit des Unfalles vorhanden war.

Der Fall kommt tatsächlich sehr häufig vor, dass in **einem** Versicherungsvertrage der Versicherungsnehmer bei einer Assekuranzgesellschaft ein Haus, [Dachboden etc.] überdies Kleidungsstücke, Wäsche, Betten, Getreide etc. gegen Feuersgefahr versichert. — Wird der Versicherungsnehmer mit strafgerichtlichem Urteile des an der Assekuranzgesellschaft versuchten Betruges für schuldig erklärt, weil er etwa von den versicherten Mobilien teils gerettete und von ihm verschleppte, teils gar nicht vorhanden gewesene Gegenstände fälschlich als „verbrannt" angab, ein Verschulden an dem Brande des Hauses (Daches) ihm jedoch nicht nachgewiesen werden kann [§. 1311 a. b. G. B.], so entsteht die Frage, ob der Versicherungsnehmer überhaupt berechtigt ist, den Ersatzanspruch, betreffend diejenigen Objekte, rücksichtlich welcher ihm ein Verschulden nicht nachgewiesen wurde, geltend zu machen. Mit Rücksicht auf die allgemeine, klare, obangeführte Bestimmung der Police [Verweigerung **jeder** Entschädigung zur Gänze] ist unseres Erachtens ein Ersatzanspruch nicht begründet, ungeachtet eine Versicherungspolice nicht einen, sondern etwa vier **selbständige** Versicherungsverträge über verschiedene Objekte, mit verschiedenen Versicherungssummen und verschiedenen Prämiensätzen enthielt.*)

*) Vgl. **entgegengesetzte** E. des k. k. o. G. H. vom 22. April 1880 Z. 3244. Gl. Ung. No. 7959.

§ 62.

Wirkungskreis der Schiedsgerichte und der ordentlichen Gerichte bei dem Feuer-Versicherungsvertrage.

Zufolge ausdrücklicher Bestimmung vieler „Versicherungsbedingungen“ sind die Streitigkeiten über die **Höhe des Ersatzes** zwischen den Versicherten und der Versicherungsanstalt durch ein Schiedsgericht zu schlichten. Hierdurch erscheint jedoch die Kompetenz der ordentlichen Gerichte, betreffend das Recht auf einen Schadenersatz überhaupt, noch nicht ganz ausgeschlossen.

Stellt daher die Versicherungsgesellschaft, wenn sie auch die Höhe des Schadenersatzes bereits ausgemittelt hatte, überhaupt in Abrede, dass dem Versicherten durch eine Feuersbrunst ein Schaden zugefügt wurde und verneint sie jedwede Verpflichtung zur Leistung des Schadenersatzes, so handelt es sich in einem solchen Falle um das Recht des Versicherten auf einen Schadenersatz überhaupt. In diesem Falle steht dem Schiedsgerichte keine Judikatur zu und haben diese Rechtsfrage die ordentlichen Gerichte zu entscheiden.*)

Diese Ansicht wird auch von der neuesten Judikatur vertreten. Es darf daher auch hier ein in letzter Zeit gefälltes Urteil des Prager Landesgerichtes nicht unerwähnt bleiben, weil dasselbe in Österreich in Fachkreisen Aufsehen erregte und prinzipielle Bedeutung hat.

Ein Baumeister, dem von der Prager städtischen Gemeinde die Demolierung von Gebäuden übertragen wurde, hat das bei der Demolierung gewonnene Holzmaterial in einem Lagerplatz nächst Prag deponiert. Am 4ten November 1897 versicherte er dasselbe bei der Prager städtischen Versicherungsanstalt auf einen Betrag von 12 000 Gulden. In der Nacht zum 10./XI. brach auf dem Lagerplatze Feuer aus, wobei das dort angehäufte Material eingeäschert wurde. Die Versicherungsanstalt bot eine Teilentschädigung an, welche vom Baumeister nicht an-

*) Vgl. E. des k. k. o. G. H. vom 2. III. 1880, Z. 1089, Gl. U., Z. 7882.

genommen wurde; es wurde die ganze Versicherungssumme bei dem ordentlichen Gerichte, bei dem k. k. Landesgerichte eingeklagt. Vom Vertreter der städtischen Versicherungsanstalt wurde geltend gemacht, dass ein Vertrag zwischen der Anstalt und dem Versicherten bestehe, laut welchen sich der Versicherte den Statuten der Anstalt füge. Im § 44 dieser Statuten heisst es: „In allen Fällen, die" „sich auf die Versicherung beziehen, erscheint der" „Gerichtsweg ausgeschlossen."

Vom klägerischen Vertreter wurde auf den § 19 des allg. bürgerl. G. B., wonach jedermann, der sich geschädigt erachtet, das Recht habe, Schutz bei Gericht zu suchen, hingewiesen. Insbesondere wurde der § 598 der neuen Gerichtsordnung, in dem es heisst: „dass sich niemand des Rechtsschutzes begeben könne", zitiert. Dieses sei um so weniger bei den unklaren Bestimmungen der Statuten der Anstalt zulässig. Der Gerichtshof beschloss, die Einwendung der Inkompetenz abzuweisen und die Versicherungsanstalt zur Zahlung der Kosten des Vertreters zu verurteilen. In der Begründung des Urteils hiess es: dass nach der neuen Gerichtsordnung auch in Fällen, in welchen Schiedsgerichte bestehen, die Parteien nicht das Recht haben, sich der Möglichkeit des Schutzes des ordentlichen Gerichtes zu begeben.

Diese Entscheidung ist deshalb wichtig, weil bei solcher Judikatur, dem Versicherten, falls ihm eine Bestimmung der Statuten nicht genehm wäre, immer der Weg offen bleiben würde, ein Schiedsgericht zu umgehen und die Hilfe des ordentlichen Gerichtes anzurufen.

---

§ 63.

Ergreift das Pfandrecht auch die Versicherungssumme?*)

Das Pfandrecht hört notwendig mit dem Untergange der Sache auf. Es ziehen jedoch nach gemeinem Rechte

*) Vgl. auch §§ 120. 290. 291. 292 d. Gesetzes über das Exekutions- und Sicherungsverfahren vom 27. 5. 1896, Z. 79 R. G. Bl.

Veränderungen in der Pfandsache den Untergang des Pfandrechtes nicht nach sich.*)

Es erhält sich das Pfandrecht am Boden, wenn das verpfändete Haus abbrennt. L. 16 § 2 D. de pignoribus 20, 1.

Ergreift das Pfandrecht auch die Versicherungssumme?**)

Nach österreichischem Rechte war schon zufolge ausdrücklicher Bestimmung und zwar des Hofdekretes vom 18. Juli 1828 J. G. S. No. 2354 die Belegung der Feuer-Assekuranzprämien und Entschädigungen mit gerichtlichem Verbote unbedingt und ausnahmslos unzulässig.***)

Es wurde daher auch in der Praxis der Rechtsgrundsatz aufgestellt, dass die Brandversicherungssumme nicht den Hypothekargläubigern ausgefolgt werden darf, statt zum Wiederaufbau der versicherten Realität verwendet zu werden [E. des k. k. o. G. H. vom 6. Februar 1874, Z. 626, Gl. Ung. No. 5249 und vom 10. April 1867, Z. 2918, Gl. Ung. No. 2777].†)

Die in dem Hofdekrete vom 18. Juli 1828, Z. 2354 J. G. S. enthaltene Bestimmung, der zufolge Brandschadenvergütungen durch Exekution künftighin ihrem Zwecke zur Wiederherstellung der durch Feuer beschädigten Gebäude nicht entzogen werden dürfen, gilt auch dann, wenn etwa nachträglich noch eine Forderung der Versicherungsgesellschaft selbst gegen den Versicherten entsteht.††) Auch in diesem Falle darf auch nicht der geringste Teil etwa als Abschlagszahlung zu Gunsten der Versicherungsgesellschaft benützt werden, sondern bleibt auch dieser Betrag zur Wiederherstellung des Gebäudes vorbehalten.

---

*) Vgl. Dernburg: Pandekten. Berlin 1888.

**) M. Seherer in Iherings Jahrbüchern, Bd. 20 und 21, 29, § 2, 1, 35. D. de pignoribus 20, 1.

***) Derblich, Leo, Dr.: Vorschriften über das Assekuranzwesen. Prag 1888. S. 71.

†) Schey: Allg. bürg. Ges.-Buch, S. 213. Wien 1889.

††) Der Exekution gänzlich entzogen sind gemäss Abs. 2 § 290 d. Ex.-Ord. v. 27. 5. 1896 Versicherungssummen, welche dem Verpflichteten aus einem über die Versicherung eines Gebäudes oder des Zubehörs einer Liegenschaft geschlossenen Vertrage gebühren, wenn diese Summen statutengemäss zum Wiederaufbau oder zur Wiederherstellung des beschädigten Gebäudes oder zur Ergänzung des Zubehörs verwendet werden müssen.

Wird von der Versicherungsgesellschaft ein Betrag als Schadenersatz bei Gericht deponiert, von dem Versicherten jedoch nicht angenommen, und der Schadenersatz von dem Versicherten nachher eingeklagt, so erscheint, für den Fall, als der Prozess zu Ungunsten des Versicherten ausfiel, die Versicherungsgesellschaft nicht berechtigt, wegen ihrer Prozesskostenforderung um die Pfändung des von ihr erlegten Gelddepositums anzusuchen.

Ungeachtet die Prozesskostenforderung aus dem vom Versicherten angestrengten und gegen ihn zu Ungunsten entschiedenen Prozesse über die Höhe der Schadenersatzforderung entstanden ist, so erfährt diese erlegte Summe dennoch nicht eine eigentliche, vom Versicherten selbst verursachte Herabminderung und darf **nicht** in Exekution gezogen werden.*)

Eines besondern Schutzes bedürfen die Hypothekargläubiger, falls die Brandstätte exekutiv veräussert wurde. War die abgebrannte Realität gegen Feuersgefahr versichert, und wird dieselbe schon als „Brandstätte“ veräussert, so haben die gefährdeten Hypothekargläubiger das Recht, zu verlangen, dass der Brandschadenersatz seitens der Versicherungsgesellschaft nicht zu Händen der Eigentümer des abgebrannten Reals oder des exuktiven Erstehers, sondern zu **ihren** Händen **gerichtlich** erlegt werde.

Dies folgt direkt aus dem Hofdekrete vom 18. Juli 1828 J. G. S. Z. 2354, da gemäss dieser Bestimmung die von dem Feuer-Assekuranzgesellschaften zu leistende Brandschadenvergütung weder durch Cession noch durch irgend ein gerichtliches Verbot ihrem Zwecke der Wiederherstellung der durch Feuer beschädigten Gebäude, entzogen werden darf.

Es haben daher, im Falle der exekutiven Veräusserung der Brandstätte, jene Hypothekargläubiger, welche aus dem Meistbote nicht befriedigt werden können, nach ihrer bürgerlichen Rangordnung auf die Brandschaden-

---

*) Vgl. E. des k. k. O. G. H. vom 11. September 1884. Z. 10491. Gl. Ung. No. 10159.

vergütung den nächsten Anspruch, und nicht etwa der „licitatorische Ersteher der abgebrannten Realität, welcher dieselbe nach den Feilbietungsbedingnissen als Brandstätte gekauft hat.*)

Wird jedoch die Brandschaden-Versicherungssumme nicht zum Wiederaufbau verwendet, so erstrecken sich die Hypotheken, welche auf der versicherten Realität hafteten, auch auf dieselbe. Eine separate Exekution auf die Brandschaden-Versicherungssumme war bereits früher an und für sich unzulässig, erscheint jedoch, zufolge der früher citierten gesetzlichen Bestimmung in der neuen Exekutionsordnung [Abs. 2 § 290 „Unpfändbare Ansprüche"] des Gesetzes vom 27./5. 1896 Z. 78 R. G. Bl. gänzlich ausgeschlossen.

Bei erfolgter Zwangs-Verwaltung einer Realität sind die mit der Verwaltung verbundenen Auslagen ohne weiteres Verfahren aus den Erträgnissen zu berichtigen. Zu diesen Auslagen gehören gemäss Abs. 2 § 120 insbesondere, die dem Verpflichteten aus Versicherungsverträgen obliegenden Leistungen, sofern diese Verträge in Ansehung der verwalteten Liegenschaft, des Zubehörs oder der in die Verwaltung einbezogenen Vorräte geschlossen sind.

---

§ 64.

Verpflichtungen der Organe der „Feuerversicherungsanstalten" bei der Schaden-Regulierung.

Nach erfolgter Anzeige des Schadens ist es im Interesse beider Parteien gelegen, dass derselbe **so schnell** als möglich reguliert werde.

Welche Pflichten liegen diesbezüglich dem Assekuranzbeamten, dem die Regulierung aufgetragen wurde, ob?

1. Hat derselbe genau zu prüfen, ob die Versicherung als „rechtsgültig" anzusehen ist. Derselbe muss daher genau die Police studieren.

---

*) Vgl. E. des k. k. O. G. H. vom 28. Dezember 1880. Z. 14474. Gl. Ung. No. 8227.

2. Hat derselbe zu prüfen, ob die Prämien regelmässig und in der angeführten Höhe geleistet wurden.

3. Hat derselbe die Brandstelle zu besichtigen; er hat dafür Sorge zu tragen, dass etwa gerettete Gegenstände aufbewahrt werden.

4. Hat er die Schadenrechnung zu prüfen; er muss also feststellen, ob nicht infolge zu hoher Deklaration eine „Überversicherung“ vorlag, ob nicht etwa eine „Doppelversicherung“ sich ergibt. Zur Prüfung der Schadenrechnung soll er eventuell Zeugen zuziehen, oder auch Sachverständige. War der Abbrändler bei „mehreren Versicherungsgesellschaften“ versichert, so sind **sofort** die anderen Versicherungs-Gesellschaften zu verständigen, welche auch teilweise die Regulierungskosten zu tragen haben. Über den ganzen Akt der Schadenregulierung ist ein genaues Protokoll aufzunehmen.*)

In diesem Protokolle ist insbesondere anzuführen, ob der Beschädigte einen Modus bezüglich der Ersatzsumme gewünscht hat etc. Weiters ist in diesem ausdrücklich anzuführen, dass die Zahlung der Schadenersatzsumme von der Genehmigung seitens der Direktion abhängt.

Die Behandlung der Schäden ist eine andere, wenn es sich um Gebäude, eine andere, wenn es sich um Waren, Mobilien, Ökonomien oder um Fabriken handelt. Zur Verhütung von sogen. „fahrlässiger Brandstiftung“ werden schon in der Police „besondere Vorschriften“, sogenannte „Klauseln“ erlassen. Der Versicherungsbeamte hat daher zu untersuchen, ob die vorgeschriebenen Vorsichtsmassregeln getroffen waren.

§. 65.

Urkunden bei dem Feuerversicherungsvertrage.

Die wichtigsten, bei der Abfassung des „Feuerversicherungsvertrages“ üblichen „Versicherungsdokumente“ sind:

*) Vergl. O. Lemcke, Kat. d. Versich.wesens, a. a. O.

1. „Die Police“;
2. „die Prämienquittungen“;
3. der sog. „Prolongationsschein“;
4. der sog. „Anhang“ zur Police;
5. der sog. „Veränderungsschein“;
6. die Urkunden der „Mit-Versicherer“.

ad 1. In der „Police“ wird das Vertragsverhältnis klar festgestellt; dieselben enthalten eine kurze Beschreibung der Versicherungsobjekte; in denselben müssen die vom Staate genehmigten „allgemeinen Versicherungsbedingungen“ enthalten sein. Zu denselben kommen dann noch die besonderen „Versicherungsbedingungen“ [„Klauseln“] hinzu.

ad 2. Bei mehrjährigen Versicherungen, in welchem jedes Jahr Zahlung erfolgt war, wird die 2te Jahresprämie, sowie die weiteren öfters mittels sog. „Prämienquittungen“ erhoben.

ad 3. Der Anhang wird notwendig a. bei den sog. „Nachversicherungen“ [also, falls z. B. der Hausbesitzer ausser seinem Hause später noch eine andere Baulichkeit auch versichert]; b. bei Vermehrung der Gefahr [z. B. wenn eine Zuckerfabrik im Laufe der Zeit aufgelöst wird, und dann in diesem Fabriksgebäude eine Dynamitfabrik errichtet wird]; es tritt dann eine Prämienerhöhung ein.

ad 4. Wird eine Police, welche während der Zeit abgelaufen war, unverändert erneuert, so wird oft keine neue Police ausgestellt, sondern oft ein sog. „Prolongationsschein“ ausgefertigt, in welchem auf die bisherigen Versicherungsbedingungen Bezug genommen wird.

ad 5. Mittels eines sog. „Veränderungsscheines“ werden bestätigt „der Besitzwechsel“, also: wenn dasselbe Gebäude versichert wird, und nur der Besitzer gewechselt hat.

Prämienzurückzahlungen werden oft auch nur durch „Veränderungsscheine“ bestätigt.

ad 6. Wenn eine sehr hohe Versicherungssumme vorhanden ist [z. B. eine Fabrik wird um eine Million Gulden versichert], so sind oft mehrere Gesellschaften beteiligt; diese sind dann die „Mit-Versicherer“ und nehmen gewöhnlich, für den Fall, als sie nicht die ganze Summe auf eigene Rechnung nehmen wollen, einen Teil in Rückversicherung [vgl. Lemcke a. a. O. Das Versicherungswesen].*)

§. 66.

Der Transportversicherungsvertrag nach österreichischem Rechte.

I. Das Motiv zum Abschlusse des Transportversicherungsvertrages. Haftung des Käufers bei Übernahme der Ware.

Die rechtzeitige Ankunft der bestellten Waren in unversehrtem Zustande ist für den Kaufmann von grösster Bedeutung. Seit Jahrhunderten ist daher das Bestreben der Kaufleute darauf gerichtet, sich eine Sicherheit dahin zu verschaffen, dass ihnen, für den Fall, als die versandte Ware nicht rechtzeitig und unversehrt am Bestimmungsorte einlangt, eine Schadloshaltung gewährt werde. Das Mittel, wodurch eine Schadloshaltung gewährt wird, besteht in der „Transportversicherung“. Die Transportversicherung ist der älteste Zweig der Versicherung. Nach österr. Rechte übergeht die Gefahr an den Käufer in dem Momente der Übernahme der Ware [Art. 345 Absatz I, H. G. B.].

Der Übernehmer einer Ware hat nach öster. Rechte die Verpflichtung, gleich nach Ankunft der Ware seine bestimmte Erklärung über allfällige Mängel, bei Präklusion der Geltendmachung dieses Rechtes, abzugeben.**)

*) Erwähnenswert ist ein sehr interessanter Aufsatz: „Einiges aus der Brandschaden-Regulierungspraxis“ [von Otto Prange, Leipzig], Seite 177—182; abgedruckt in der „Zeitschrift für die gesamte Versicherungswissenschaft“, herausgegeben vom deutschen Verein für die Versicherungswissenschaft. (Schriftleitung: Rechtsanwalt A. Rüdiger.) Band I, 2. Heft. Berlin 1901. E. Müller & Sohn.

**) E. des k. k. O. G. G. v. 6. Oktober 1876, Z. 4353, G. H. 1877, No. 32. Sammlung der Entscheidungen zum Handelsgesetze von Dr. Leopold Adler und von Dr. Robert Klemens [Wien, Manzsche Buchhandlung]. E. des k. k. o. G. H. v. 9. Mai 1876, Z. 3541, G. H. 1876, No. 53 (No. 675 in der Sammlung von Adler und Klemens).

II. Übernahme der Ware durch die Eisenbahn-Unternehmungen. — Die Verpflichtungen des Frachtführers.

Bei Transporten von Waren, welche mittels Eisenbahn abgesendet wurden, hat der Käufer noch eine viel grössere Haftung, indem die bestellte Ware **durch** die Übergabe an die Eisenbahn bereits als „übergeben“ anzusehen ist und die weitere Gefahr auf den Käufer übergeht.*)

Der Frachtführer ist nach Art. 395 und 400 H. G. B. für die „ordnungsmässige Ablieferung“ der Ware verpflichtet und ein Verlust der Ware, bezw. die nicht ordnungsmässige Ablieferung kann nur durch höhere Gewalt (vis major) verantwortet werden.**)

Das Geständnis des Übernehmers einer Ware, „dass er dieselbe in der vom Kläger angegebenen Quantität und Qualität erhalten habe,“ verpflichtet ihn unbedingt zur Bezahlung der erhaltenen Ware. Nach Art. 344 und 345 H. G. ist die Ware bereits „durch die Aufgabe auf die Eisenbahn“ als „übergeben“ anzusehen [Arg. der citierten E. des k. k. o. G. H., Z. 345, ai. 1876]. Nicht der Zustand der Ware, bei Ankunft in dem Orte des Wohnsitzes des Käufers und bei der Auspackung, sondern jener bei der „Übergabe auf die Bahn“ ist entscheidend. Es ist daher ganz gleichgültig, ob der Käufer von dem erhobenen Anstand sofort den Verkäufer brieflich verständigt hat. Es müsste lediglich [Art. 347 und 348 H. G. B.] durch Sachverständige bereits konstatiert werden, dass die Ware im Zeitpunkte der Absendung unbrauchbar war; in diesem einzigen Falle wäre der Käufer zur Bezahlung des Kaufschillings nicht verpflichtet. Aus dem Vorangeführten erhellt, dass für den Fall, als bei Absendung einer Ware ein Transportversicherungsvertrag abgeschlossen war, dieser mehr im Interesse des Käufers erfolgt.

III. Verpflichtungen bei Versicherung des Transportes auf Lloydschiffen. Haftung, wenn die Ware sich im Zollmagazin befindet. Aviso als Beweis-

*) Vgl. cit. E. des o. G. H.

**) E. des k. k. o. G. H. v. 18. Jänner 1870, Z. 10829, S. 10829, G. Z. 1870, No. 15 (No. 273, Sammlung von Adler und Klemens).

mittel. Beschränkung der Höhe der Haftung des Frachtführers.

Spezialbestimmungen über das „Privat-Transport-Versicherungsrecht“ sind in Österreich [mit einer einzigen Ausnahme] nicht vorhanden. Diese Ausnahme ist die Verordnung des Handelsministeriums vom 2. Mai 1858. Z. 6, betreffend die „Versicherung der mit den Lloydschiffen nach ausländischen Hafen beförderten Fahrpostsendungen gegen Seegefahr“. Hier ist normiert, inwieweit die k. k. Post eine unbedingte Haftung für nach ausländischen Häfen bestimmte Sendungen übernimmt, und ob dieselbe insbesondere für jene Schäden, welche an den Sendungen während der Beförderung nach ausländischen Häfen durch Seeunfälle verursacht werden, ersatzpflichtig ist.

In den §§ 3, 6, 25, Abs. 3, § 28 der Verord. der Min. d. I., der Justiz, des H. und der Fin. vom 18. August 1880, Z. 110, XXXVIII, R.-G.-Bl. [Assekuranz-Regulativ] waren einige spezielle Bestimmungen, betreffend die Zulassung und staatliche Überwachung der Transport-Versicherungsanstalten enthalten.

Massgebend für Rechtsstritte bei der Transport-Versicherung sind: 1. Der Wortlaut des abgeschlossenen Versicherungsvertrages, sowie 2. die Statuten und Bedingungen der betreffenden Gesellschaft. Eine wichtige Norm, belangend die Haftung eines Frachtführers für Feuersgefahr findet sich in den Statuten der Eisenbahngesellschaften. In fast sämtlichen Statuten der Eisenbahngesellschaften ist die Bestimmung enthalten, dass dieselben auch für Feuersgefahr haften. Sie haben dafür das Recht, für die Waren eine „allgemeine Versicherungsgebühr“ zu fordern. Falls die Eisenbahngesellschaft die Ware an den Adressaten noch nicht abgeliefert hat, so haftet sie für den Schaden, welcher durch Verlust des Frachtgutes entstanden ist [Art. 395 H.-G.-B.]. Diese Haftung ist auch dann noch vorhanden, wenn die Ware sich nicht mehr auf dem Transporte, sondern auf dem Bahnhofe der Gesellschaft, wenn auch unter zollämtlicher Behandlung, zur Zeit des Unterganges befand; denn Güter, wenn sie in den Zollamtsmagazinen sich befinden, sind als noch nicht

„übergeben" anzusehen [Art. 393 H.-G.-B.]. Die in den Zollamtsmagazinen lagernden Güter befinden sich nach den diesbezüglichen Bestimmungen des Eisenbahnreglements, auch 8 Tage nach Zusendung des Avisos, auf Gefahr und Kosten des Versenders und müssen bis zu dieser Frist als auf „Gefahr und Kosten der Eisenbahngesellschaft" liegend angesehen werden. Das Aviso kann hierbei keineswegs als Beweis darüber angesehen werden, dass die Ware an den Adressaten zugestellt wurde, denn sie kann nicht als eine „Empfangsbestätigung", sondern nur als „Bestätigung der erfolgten Avisierung" angesehen werden. Ein in einem Magazin ausgebrochener Brand kann nicht als ein solches „Elementarereignis" angesehen werden, welches die Haftung der Eisenbahngesellschaft aufhebt; es wäre denn, wenn erwiesen würde, dass der Brand ausserhalb irgend eines menschlichen Verschuldens und bloss durch elementare Einwirkung entstand. War die Ware vom Absender versichert, so ist in dieser Versicherung auch die gegen Feuersgefahr inbegriffen [vgl. E. des k. k. O. L. G. Wien vom 9. November 1871, Z. 16089 No. 82, „Eisenbahnrechtliche Entscheidungen", Dr. Victor Röll]. Der Umstand, dass ein Frachtgut vom Versender anderweitig gegen die Gefahren des Transportes versichert war, befreit die Eisenbahngesellschaft, welche aus einem bei der Frachtführung vorgekommenen Unfalle belangt wurde, nicht. Zwischen ihr und der Versicherungsgesellschaft selbst besteht niemals eine Verpflichtung zur ungeteilten Hand, nie ein Korrelativitätsverhältnis [§ 891 a. B. G. B.].

Es hat daher, für den Fall, als auf dem Eisenbahntransporte die Ware verbrannt wäre, keineswegs der § 893 a. b. G. B. Anwendung, umsomehr, als der Beschädigte von dem Beschädiger Schadenersatz zu fordern berechtigt ist [§ 1295 a. b. G. B.]. Wurde der Beschädigte von einem Dritten, also z. B. von der Versicherungsgesellschaft entschädigt, so hat dies auf die „Schadenersatzklage" keinen Einfluss und dieser Dritte, also die Versicherungsgesellschaft, könnte nur von dem bereits Entschädigten Rückstellung verlangen. Die Eisenbahngesellschaft ist jedenfalls zum Schadenersatze verpflichtet [Art. 395,

H.-G.-B.]. Die Einhebung eines „Frachtzuschlags“ schliesst keineswegs den Eintritt, den Umfang oder die Dauer der Haftpflicht aus, oder beschränkt dieselbe [A. 432 H.-G.-B.]. Dieselbe muss nach dem H.-G.-B. beurteilt werden und der Betrag der Fracht hat auf die Beurteilung, rücksichtlich der „Ersatzpflicht“, keinen Einfluss. Nach Art. 424 H.-G.-B. kann bedungen werden, dass in Ansehung der Güter, welche, infolge ihrer Natur, eine besondere Verpackung zum Schutze gegen Verlust oder Beschädigung auf dem Transporte erfordern, für den Fall einer mangelhaften Verpackung seitens des Frachtführers nicht gehaftet wird. War dieser Mangel jedoch bei der Aufgabe ersichtlich und nicht gerügt, sondern die Fracht angenommen worden, dann wird die „mangelhafte Verpackung“ nach Art. 395 H.-G.-B. nicht weiter zu berücksichtigen sein. [E. des k. k. O. L. G. Wien vom 9. Juli 1873, Z. 13 193, No. 103 „eisenbahnrechtliche Entscheidungen“ Dr. Victor Röll.] Bei dem Untergange eines Teiles des Frachtgutes auf dem Transporte hat die Eisenbahn von dem versicherten Mehrwerte nur den aliquoten Teil zu ersetzen, welcher dem Gewichte des zu Grunde gegangenen Teiles entspricht.

Das Unterlassen des Expeditionsstempels auf dem Frachtbriefe hat auf das Zustandekommen des Frachtvertrages keinen Einfluss. Das Recht des Adressaten nach Art. 405 H. G.-B., die Ausfolgung der Ware zu verlängern, hebt das Recht des Absenders, die Eisenbahn auf Schadenersatz zu belangen, nicht auf. Es schliesst eben das Recht des Adressaten, die Ausfolgung der Ware zu verlängern [Art. 405 H.-G.-B.], den Anspruch auf Schadenersatz nicht aus. Im Sinne des Art. 396 H.-G.-B. ist jedoch der Frachtführer nur bis zur Höhe des deklarierten „versicherten Mehrwertes“ ersatzpflichtig [vgl. E. des k. k. O. L. G. Wien vom 14./6. 1874, Z. 9969, „eisenbahnrechtliche Entscheidung“ Röll].

Die Versicherung von Waren auf dem Transporte kann entweder a) Seeversicherung oder b) Binnen-Transportversicherung sein.*)

*) Vgl. Dr. Moritz v. Stubenrauch, Kommentar zum österr. a. B. G. B. 6. Auflage. Bearbeitet von Dr. Schuster und Bonot. Wien 1894. Seite 538.

Die Bestimmungen betreffend die Versicherung zur See, sowie die Vorschriften über den Bodmereivertrag sind Gegenstand der „Seegesetze". Bei den See-Assekuranzen nimmt jemand die mit einer Seefahrt verbundenen Gefahren auf sich und verspricht, für den Schaden, welcher die Sachen eines anderen ohne dessen Verschulden treffen könnte, gegen einen gewissen Preis Ersatz zu leisten. Die Bestimmungen darüber sind in besonderen Seegesetzen enthalten. Als solche erscheinen bei uns insbesondere das „Editto politico di navigazione mercantile" vom 25. April 1774.*)

Bei dem Bodmereivertrage (cambio maritimo) wird das Schiff oder die Ladung für ein „Darlehen" verpfändet. Hierbei ist jedoch die Bedingung daran geknüpft, dass der Gläubiger seine Forderung mit dem Momente ganz aufgibt, als das Pfand während der Reise durch Seeunfälle zu Grunde geht. Der Vertrag hat mit dem fœnus nauticum der Römer Ähnlichkeit.**)

§ 67.

Die Veruntreuung eines rekommandierten und assekurierten Geldbriefes.

Wird ein rekommandierter und versicherter „Poste-restante-Geldbrief" veruntreut, wer haftet für den Ersatz des veruntreuten Betrages? Der Tatbestand ist folgender: Die Depositen-Bank in X. übernahm einen Betrag von 5000 fl. behufs Übersendung an C. Der Adressat erklärte, man soll ihm den Betrag poste-restante senden. Die Bank versicherte den Geldbrief. Während des Transportes wird der Betrag von einem Postbeamten veruntreut. Die Post-

*) Vgl. Dr. Moritz von Stubenrauch, Kommentar des a. B. G. B. a. a. O. Seite 543 und die daselbst angeführte Literatur. Reate, Dr. G., Del diritto commerciale el maritimo secondo leggi austriache et italiche etc. Pavia 1828.

**) Freiherr von Locello, Das österreichische Privatseerecht (in der allg. österr. Gerichtszeitung vom Jahre 1854, No. 4—8 und 22—24).

verwaltung erklärt: Der Brief sei als „in Verlust geraten" zu betrachten und sie sei bereit, den gesetzlich für rekommandierte Briefe vorgesehenen Entschädigungsbetrag von 20 fl. sofort zu liquidieren. Die Versicherungsgesellschaft erklärt, dass sie auf Grund des Punkt VII der Versicherungsbedingungen nicht ersatzpflichtig sei, weil der betreffende Punkt ausdrücklich bestimmt, dass rekommandierte „Poste-restante"-Briefe zur Assekuranz nicht zugelassen werden können. Im Falle einer solchen statutarischen Bestimmung liegt ein Verschulden der Bank vor, da sie die für den Kaufmann nötige Sorgfalt nicht erfüllte, und muss sohin diese den ganzen Schaden ersetzen.

§ 68.

(Transportversicherung.)

Die Haftung des Möbeltransportunternehmers für den bei dem Transporte der Möbel verursachten Schaden.

Wird bei dem Transporte von Möbeln ein Schaden an den Treppen u. s. w. des Hauses von den Leuten des Frachtführers verursacht, so haftet keineswegs der Mieter des Hauses, dessen Möbel transportiert wurden, sondern lediglich der Frachtführer. Eine Klage gegen den Mieter erscheint verfehlt. Denn der Frachtführer haftet in einem solchen Falle auch für ein ausserkontraktliches Verschulden seiner Leute. Der Transportversicherungsvertrag ist ein Werkverdingungsvertrag, da durch ihn nicht einzelne Dienstleistungen, sondern die Ausführung eines Werkes gegen einen bestimmten Preis übernommen wird. Der Werkmeister muss für die Handlungen der Leute, welche von ihm zum Transporte angestellt wurden, verantwortlich erklärt werden [vgl. auch § 930 Teil I Titel XI A. L. B.].

Alphabetisches Sachregister.

(Die Ziffern weisen auf die Seiten hin.)

Herrosé & Ziemsen, Wittenberg.

FSC
www.fsc.org
MIX
Papier | Fördert gute Waldnutzung
FSC® C083411

Kolibri 360 GmbH
Ferdinand-Jühlke-Straße 7
99095 Erfurt, Deutschland
produktsicherheit@kolibri360.de